汽车检修技能技巧入门提升系列

汽车控制器与执行器
结构、原理、检测、诊断

刘春晖　刘逸宁　主　编

机械工业出版社

本书以近几年新车型中典型电子控制系统中执行器的控制理论及相关部件的结构、原理为主,重点在于使广大读者了解电控单元(又叫电子控制器)的控制机理,不同类型执行器的结构、原理以及检测、诊断方面的基本知识。全书内容包括汽车控制系统概述、燃油系统执行器控制、进排气系统执行器控制、机油系统执行器控制、冷却系统执行器控制、转向系统执行器控制、制动系统执行器控制、被动安全系统执行器控制以及其他系统执行器控制。

本书以彩色图解的形式,对汽车各个典型控制系统的电控单元和执行器的结构、原理、检测、诊断进行详细、重点的讲解。本书的特色在于全书内容以全彩三维立体图的形式展示结构和原理,让读者一目了然。全书图文并茂,图片清晰直观,文字内容通俗、易懂、易学、易用,适合作为一线汽车维修人员以及技术人员的培训教材,也可作为职业院校汽车类专业的学习教材。

图书在版编目(CIP)数据

汽车控制器与执行器:结构、原理、检测、诊断 / 刘春晖,刘逸宁主编. — 北京:机械工业出版社,2021.5
 ISBN 978-7-111-68008-6

Ⅰ.①汽… Ⅱ.①刘…②刘… Ⅲ.①汽车 – 控制器 – 教材②汽车 – 执行器 – 教材 Ⅳ.① U463.6

中国版本图书馆 CIP 数据核字(2021)第 066136 号

机械工业出版社(北京市百万庄大街 22 号 邮政编码 100037)
策划编辑:连景岩 责任编辑:连景岩
责任校对:张 力 封面设计:马精明
责任印制:单爱军
北京虎彩文化传播有限公司印刷
2021 年 7 月第 1 版第 1 次印刷
184mm×260mm・16 印张・334 千字
0 001—1 900 册
标准书号:ISBN 978-7-111-68008-6
定价:89.00 元

电话服务 网络服务
客服电话:010-88361066 机 工 官 网:www.cmpbook.com
 010-88379833 机 工 官 博:weibo.com/cmp1952
 010-68326294 金 书 网:www.golden-book.com
封底无防伪标均为盗版 机工教育服务网:www.cmpedu.com

前 言
PREFACE

随着电子技术在汽车上的不断应用，汽车上各个系统均已采用电子控制。汽车不同的电子控制系统主要包括传感器、电控单元（ECU）、执行器三部分。汽车传感器是汽车电子控制系统中至关重要的元件，担负着信息采集和传输的功能，汽车传感器工作性能的好坏，直接影响汽车的运行状况和行驶时的安全性、经济性。ECU是电子控制系统的核心部件，用于对各传感器及开关等输入信号的预处理、分析、判断，并根据信号处理的结果输出控制信号，控制执行器工作。

执行器是汽车电子控制系统的"手"和"脚"，ECU通过执行器实现对被控对象的控制。执行器对ECU输出的控制信号作出迅速反应，使被控对象工作在设定的最佳状态。目前，汽车上的ECU数量很多，中高端车型上多达几十甚至上百个，不同控制系统中的不同功能的执行器可以达到几百个甚至更多。这些执行器分布于汽车上的不同部位，执行不同的功能，完成不同的工作，保障汽车各个系统处于正常的工作中。一旦某个执行器出现功能不正常或者不能完成相关控制工作，ECU将记录相应故障信息，以便维修时进行参考。

本书以近几年新车型中典型电子控制系统中执行器的控制理论及相关部件的结构、原理为主，重点在于使广大读者了解电控单元的控制机理，不同类型执行器的结构、原理以及检测、诊断方面的基本知识。全书内容包括汽车控制系统概述、燃油系统执行器控制、进排气系统执行器控制、机油系统执行器控制、冷却系统执行器控制、转向系统执行器控制、制动系统执行器控制、被动安全系统执行器控制以及其他系统执行器控制。

本书以彩色图解的形式对汽车各个典型控制系统的电控单元、执行器的结构、原理、检测、诊断进行详细、重点的讲解。本书的特色在于全书内容以全彩三维立体图的形式展示结构原理，让读者一目了然，易懂、易学、易用，在兴趣学习中积累知识，不断提高汽车故障诊断水平。

本书由刘春晖、刘逸宁主编，参加本书编写工作的还有何运丽、张之猛、高举成、张坤、张洪梅。

在本书编写的过程中，参考了多种车型的原版维修资料，在此对原作者、编译者表示由衷的感谢。由于编者水平所限，书中难免有错误和不当之处，恳请广大读者批评指正。

编 者

目 录
CONTENTS

前言

第一章　汽车控制系统概述　/ 001

第一节　汽车电子控制器结构　/ 001
　　一、输入电路　/ 002
　　二、输出电路　/ 002
　　三、微控制器　/ 003
　　四、电源电路　/ 003
第二节　电控系统的组成与控制部件　/ 004
　　一、传感器　/ 004
　　二、电控单元　/ 015
　　三、执行器　/ 015

第二章　燃油系统执行器控制　/ 019

第一节　压电阀式泵喷嘴　/ 019
　　一、喷射阶段的控制　/ 022
　　二、压电阀　/ 022
　　三、喷油器弹簧室　/ 024
　　四、泵喷嘴相关维修诊断　/ 033
第二节　主动式气缸管理系统　/ 035
　　一、主动式气缸管理系统的优势　/ 037
　　二、主动式气缸管理系统的结构　/ 039
　　三、凸轮轴的结构　/ 040
　　四、发动机管理系统　/ 043
　　五、主动式气缸管理系统ACT的工作范围　/ 043
　　六、气缸关闭过程和打开过程　/ 044
　　七、主动式气缸管理系统（ACT）的显示　/ 048
　　八、传感器　/ 048
　　九、凸轮调节器失灵影响　/ 051
　　十、凸轮调节器控制　/ 052
　　十一、自诊断与功能检测　/ 055

第三章　进排气系统执行器控制　/ 056

第一节　气门升程的切换控制　/ 056
　　一、电子气门升程切换　/ 056
　　二、用于气门升程切换的执行器　/ 058
　　三、不同情况下凸轮轴的位置　/ 060
　　四、执行器发生故障的影响　/ 061
第二节　可变气门正时控制　/ 062
　　一、可变气门正时的结构　/ 063
　　二、可变气门正时的功能　/ 065
　　三、进气凸轮轴　/ 066
　　四、排气凸轮轴　/ 068
　　五、机油循环系统　/ 070
　　六、发动机控制单元　/ 071
　　七、传感器与执行器　/ 072
　　八、通过自诊断检测部件　/ 075
第三节　可变进气歧管和二次空气系统　/ 075
　　一、可变进气歧管　/ 075
　　二、二次空气系统　/ 079
第四节　进排气系统的执行器　/ 083
　　一、凸轮轴调节阀　/ 083
　　二、调节式进气管切换阀　/ 083
　　三、增压压力限制电磁阀　/ 084
　　四、排气再循环阀　/ 085
　　五、排气再循环冷却器转换阀　/ 086
　　六、进气歧管风门电动机　/ 087
　　七、进气歧管风门气流控制阀　/ 088
　　八、电动控制排气风门　/ 089

第四章　机油系统执行器控制　/ 091

第一节　机油供给系统的控制　/ 091
　　一、两段式外部齿轮机油泵　/ 092
　　二、机油压力控制电气组件　/ 093
　　三、故障造成的影响　/ 094
第二节　可切换活塞冷却喷嘴控制　/ 094
　　一、活塞冷却喷嘴的激活　/ 095
　　二、活塞冷却相关的电气组件　/ 096
　　三、对活塞冷却喷嘴的功能检测　/ 097

目 录

第五章　冷却系统执行器控制　/ 099

第一节　电子调节冷却系统　/ 099
一、电子调节式冷却系统结构　/ 099
二、冷却液循环　/ 103
三、Simos 3.3 控制单元　/ 106
四、暖风工作时冷却液温度的调节　/ 107
五、电子节温器的控制　/ 108
六、电子调节冷却系统的自诊断与检测　/ 111

第二节　创新型热量管理　/ 113
一、发动机温度调节执行器（旋转阀组件）　/ 114
二、不同阶段的热量管理　/ 116
三、紧急模式的诊断　/ 121

第六章　转向系统执行器控制　/ 122

第一节　电动助力转向系统　/ 122
一、转向柱的部件组成　/ 122
二、传感器　/ 129
三、转向柱电子装置控制器　/ 132
四、电动助力转向系统的电动机　/ 132
五、电动助力转向系统的指示灯　/ 134
六、转向过程　/ 134
七、自诊断及检修　/ 138

第二节　电动液压助力转向系统　/ 138
一、总体布置　/ 139
二、系统及零部件结构　/ 142
三、电动液压助力转向的特点　/ 143
四、电动泵总成　/ 144
五、液压控制单元　/ 150
六、检查油位　/ 152
七、自诊断与故障检测　/ 153

第三节　奥迪B8动态转向系统　/ 153
一、动态转向系统的特性　/ 153
二、基本结构功能　/ 155
三、主动转向系统控制单元　/ 157
四、执行器　/ 158
五、传感器　/ 163
六、动态转向系统的基本设定　/ 165
七、故障显示与故障后的初始化　/ 165

第七章　制动系统执行器控制　/ 167

第一节　机电式驻车制动器　/ 167
一、操纵和显示　/ 167
二、系统部件　/ 169
三、机电式驻车制动器的功能　/ 172
四、专用的系统功能　/ 175
五、故障显示与诊断　/ 176

第二节　轮胎压力监控系统　/ 176
一、轮胎压力监控系统功能　/ 176
二、轮胎压力传感器　/ 178
三、轮胎压力监控天线　/ 179
四、轮胎压力异常警告　/ 180
五、正确设定被监测的轮胎压力　/ 182
六、自诊断与功能匹配　/ 183

第八章　被动安全系统执行器控制　/ 184

第一节　安全气囊系统控制　/ 184
一、碰撞类型　/ 184
二、碰撞的时间过程　/ 189
三、安全气囊的类型　/ 189
四、安全气囊气体发生器　/ 195
五、安全气囊系统的检测与诊断　/ 200

第二节　被动安全其他执行器控制　/ 200
一、安全带预紧器　/ 200
二、安全带限力器　/ 205
三、蓄电池断开元件　/ 207
四、安全气囊和安全带系统的检测诊断　/ 209

第九章　其他系统执行器控制　/ 210

第一节　发动机系统执行器　/ 210
一、双级燃油泵　/ 210
二、带燃油压力调节阀的高压燃油泵　/ 213
三、高压喷射阀　/ 218
四、高压喷射阀失灵时的影响　/ 219

第二节　底盘系统执行器　/ 220
一、四轮驱动离合器泵　/ 220
二、奥迪电磁减振系统　/ 224
三、电子制动助力装置　/ 227
四、线性电磁阀　/ 231
五、电动机械式助力转向电动机　/ 232

第三节　其他相关执行器　/ 234
一、各类电动机　/ 234
二、继电器　/ 245
三、压电式喷油器　/ 247

第一章

汽车控制系统概述

第一节　汽车电子控制器结构

电子控制器又叫电控单元（Electronic Control Unit，ECU），是电子控制系统的核心部件，用于对各传感器和开关等输入信号的预处理、分析、判断，并根据信号处理的结果输出控制信号，控制执行器工作。ECU由微处理器、输入电路、输出电路等组成，见图1-1。

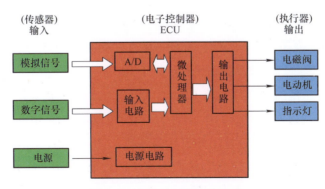

图1-1　电子控制器结构组成

一、输入电路

输入电路对从传感器、开关和其他输入装置的信号进行预处理，简单地说就是除杂波和把正弦波变为矩形波，并转换成输入电平（符合计算机要求幅值的矩形波）。A/D 转换器将模拟信号转变为数字信号。从传感器和其他输入装置输入 ECU 的信号有模拟信号和数字信号。空气流量传感器、进气温度传感器、节气门位置传感器（线性输出式）等向 ECU 输出的是模拟信号，这是变化缓慢的连续信号。它们经输入电路处理后，都已变成具有一定幅值的模拟电压信号，但微处理器不能直接处理，还必须用 A/D 转换器把这种信号转换成数字信号。

数字信号需要通过电平转换，得到计算机接收的信号。对超过电源电压、电压在正负之间变化、带有较大振荡或噪声、带有波动电压的输入信号，输入电路也对其进行转换处理。电子控制器还需要通过输入电路向传感器提供稳定的 5V 电源，为传感器提供能正确识别被监测参量的电信号。输入电路见图 1-2。

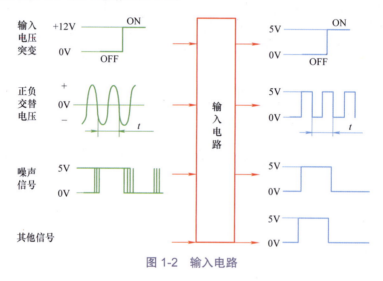

图 1-2　输入电路

二、输出电路

微处理器输出的信号往往用作控制电磁阀、指示灯、步进电动机等。微处理器输出信号功率小，使用 5V 的电压，汽车上执行器的电源大多数是蓄电池，需要将微处理器的控制信号通过输出电路处理后，再驱动执行机构。

电子控制器中输出电路的作用是将 CPU 经 I/O 输出的控制指令转换为驱动执行器工作的控制信号，使执行器按微处理器的指令动作。电子控制器输出电路通常由信号转换电路和驱动电路组成。微处理器经 I/O 输出的控制信号是二进制代码，不能直接控制执行器，需由信号转换电路将微处理器的控制指令转换为相应的控制脉冲，再经驱动电路控制执行器工作。

执行器驱动电路根据执行器电源电压的不同，可分为车载电源供电方式和 ECU 供电方式两种。喷油器、点火线圈、继电器及各种电磁阀等执行器，都是车载电源直接供电的高电压驱动电路，控制电路端子连接电子控制器。在输出电路中，一般采用大功率晶体管控制执行器电路的搭铁回路，微型计算机输出的信号控制该晶体管导通和截止。如在控制喷油器的输出电路中，大功率晶体管的导通和截止为喷油器提供具有一定宽度的脉冲驱动信号。喷油器驱动电路见图 1-3。

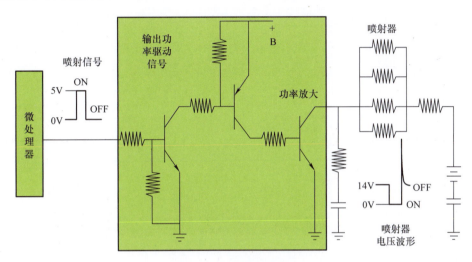

图 1-3　喷油器驱动电路

电子控制系统中的指示灯和警告灯等执行器，由控制器内部电源向执行器提供电流，这些都是电子控制单元提供的 5V 电压供电的低电压驱动电路。

三、微控制器

简单地说，微控制器把各种传感器、开关和其他输入装置送来的信号进行运算处理，并把处理结果送至输出电路。微控制器首先完成传感器信号的 A/D 转换、周期脉冲信号测量和其他有关汽车行驶状态信号的输入处理，然后计算并控制所需的输出值，按要求适时地向执行机构发送控制信号。

四、电源电路

ECU 一般带有电池和内置电源电路，以保证微处理器及其接口电路工作在 +5V 的电压下。即使在发动机起动工况等使汽车蓄电池电压有较大波动时，也能提供 +5V 的稳定电压，从而保证系统的正常工作。如果测量 +5V 供电的传感器有 +5V 电压，则说明控制器内部电源模块正常工作，关键问题出在外部电路。如果没有 +5V 电压，则说明供电电路不正常。

第二节　电控系统的组成与控制部件

汽车电子控制系统的功用是提高汽车的整体性能,包括动力性、经济性、安全性、舒适性、操纵性、通过性以及排放性能等。车型不同、档次不同,采用电子控制系统的功能和多少也不尽相同。汽车电子控制系统基本结构如图1-4所示,由传感器(传感元件)与开关信号、电控单元(ECU)和执行器(执行元件)三部分组成,这是电子控制系统的共同特点。汽车电控系统的传感器与执行器在发动机上的分布如图1-5~图1-7所示。

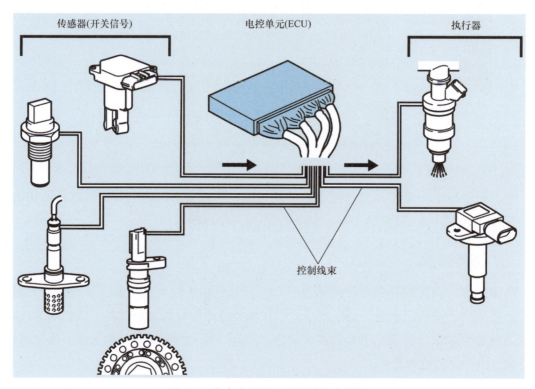

图 1-4　汽车电子控制系统的基本结构

一、传感器

在汽车电子控制系统中,传感器安装在汽车各个系统的不同部位,其功用是检测汽车运行状态的各种电量、物理量和化学量等参数,并将它们转换成电控单元能够识别和处理的模拟或数字电量信号输入控制系统电控单元。一般而言,控制功能越多,影响因素越多,所需的传感器就越多。汽车控制系统采用的传感器有以下几类。

第一章 汽车控制系统概述

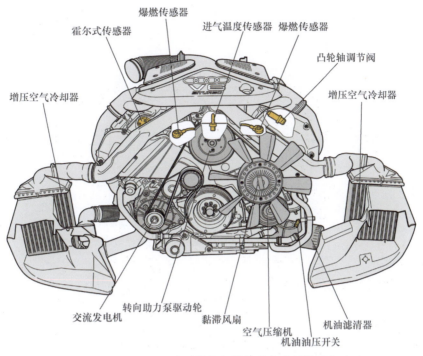

图1-5 发动机传感器执行器的分布（前视图）

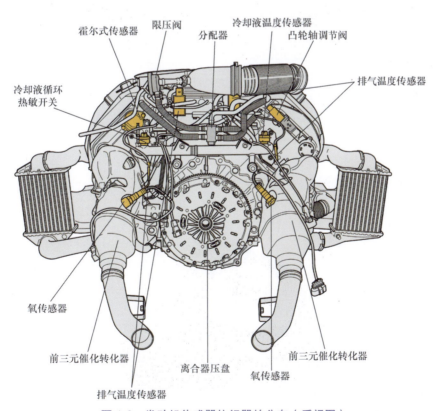

图1-6 发动机传感器执行器的分布（后视图）

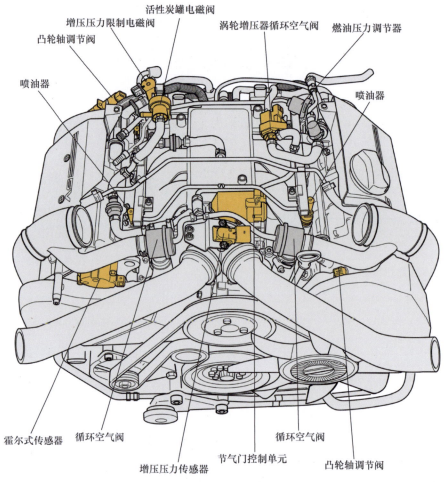

图 1-7 发动机传感器执行器的分布（上视图）

1. 位置传感器

常见的位置传感器有节气门位置传感器（图 1-8）、加速踏板位置传感器（图 1-9）、转向盘角度传感器（图 1-10），它们的作用是检测不同情况的位置或相应的角度。

图 1-8 节气门位置传感器

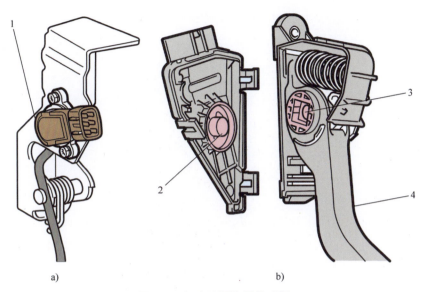

图 1-9 加速踏板位置传感器

a）可变电阻式加速踏板位置传感器　b）霍尔式加速踏板位置传感器
1—加速踏板位置传感器　2—霍尔元件　3—磁铁　4—加速踏板

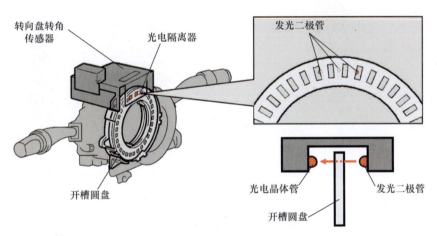

图 1-10 转向盘角度传感器的结构

2. 流量传感器

常见的流量传感器有空气流量传感器（图 1-11）、燃油流量传感器等，其作用是检测单位时间内流过某处的气体或液体流量。

3. 压力传感器

常见的压力传感器有进气压力传感器（图 1-12）、轮胎压力传感器（图 1-13）、制动压力传感器（图 1-14）以及燃油压力传感器（图 1-15）等，其作用是检测在不同的应用场景下的气体或液体的压力。

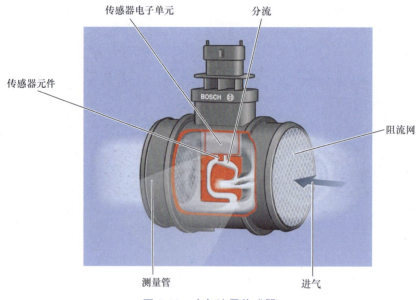

图 1-11 空气流量传感器

图 1-12 进气压力传感器

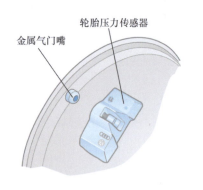
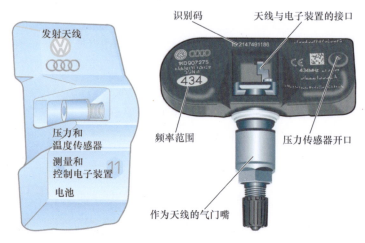

图 1-13 轮胎压力传感器

第一章　汽车控制系统概述

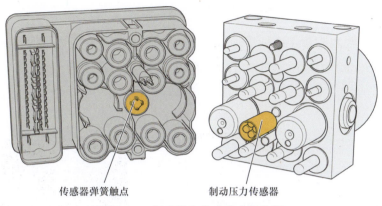

图 1-14　制动压力传感器安装位置

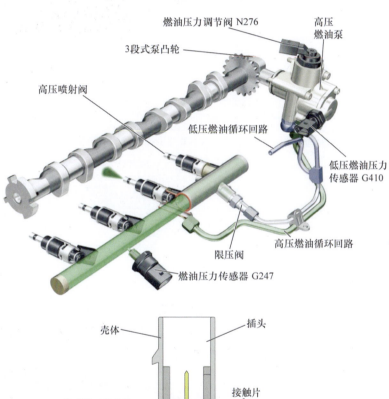

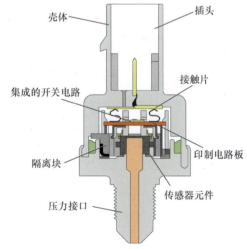

图 1-15　燃油压力传感器及安装位置

4. 浓度传感器

常见的浓度传感器有氧传感器（图1-16）、氮氧化物传感器（图1-17）、空气质量传感器（图1-18）以及烟雾浓度传感器等，其作用是检测在不同的应用场景下的相应介质的浓度。

图1-16 氧传感器及安装位置

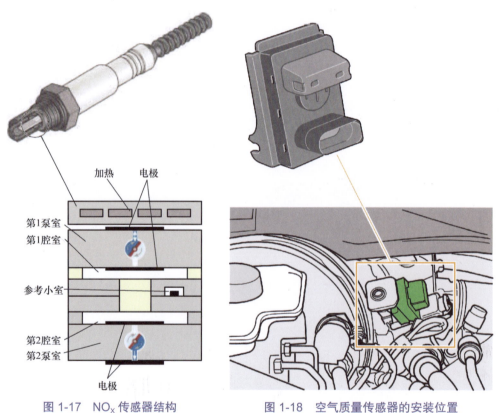

图1-17 NO_x 传感器结构　　　　图1-18 空气质量传感器的安装位置

5. 速度传感器

常见的速度传感器有轮速传感器（图1-19）、加速度传感器（图1-20）以及偏转率传感器（图1-21）等，它们的作用是检测不同情况下的速度或加速度。

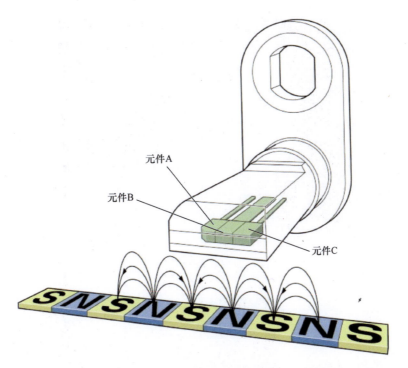

图 1-19 轮速传感器的结构

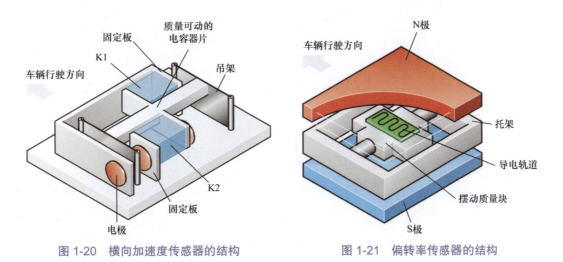

图 1-20 横向加速度传感器的结构　　　　图 1-21 偏转率传感器的结构

6. 温度传感器

常见的温度传感器有发动机用的温度传感器,如进气温度传感器(图 1-22)、冷却液温度传感器(图 1-23)以及排气温度传感器等,还有电动汽车用的温度传感器,如蓄电池温度传感器(图 1-24),以及汽车空调用的温度传感器,如车外温度传感器、蒸发器温度传感器(图 1-25)等。

图 1-22 进气温度传感器安装位置

图 1-23 冷却液温度传感器及安装位置

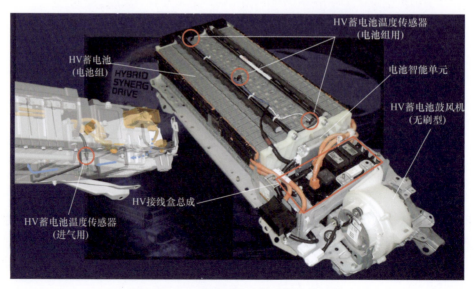

图 1-24 HV 蓄电池温度传感器安装位置

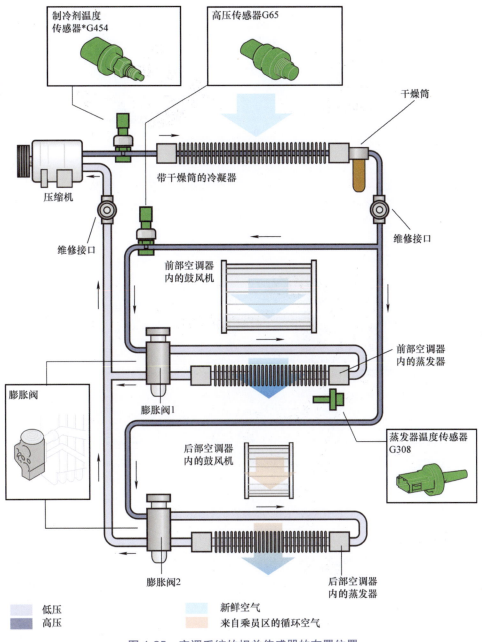

图 1-25　空调系统的相关传感器的布置位置

7. 其他类型传感器

其他类型传感器如蓄电池传感器（图 1-26）、转矩传感器（图 1-27）、日照光电传感器、空气湿度传感器（图 1-28）等，分别检测不同的参数。随着技术的不断发展，相应的传感器会越来越多，越来越完善。

图 1-26 智能型蓄电池传感器的结构

1—蓄电池接线柱 2—测量分流器 3—间隔垫圈 4—螺栓 5—接地线护

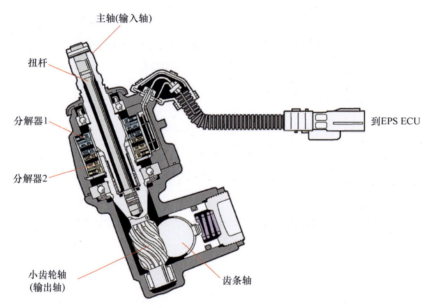

图 1-27 转矩传感器结构

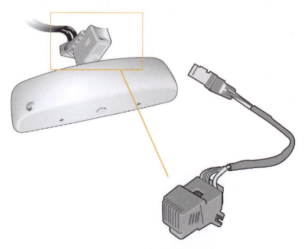

图 1-28 空气湿度传感器

二、电控单元

电控单元(图1-29)俗称"汽车电脑",是以单片微型计算机(即单片机)为核心所组成的电子控制装置,具有强大的数学运算、逻辑判断、数据处理与数据管理等功能。电控单元(ECU)是汽车电子控制系统的控制中心,其功用是分析处理传感器采集到的各种信息,并向受控装置(即执行器或执行元件)发出控制指令。

图1-29 汽车电控单元(ECU)外形及内部结构

三、执行器

执行器又叫执行元件,是电子控制系统的执行机构。执行器的功用是根据电子控制单元(ECU)的指令完成具体的操作动作。汽车电子控制系统常用的执行器有以下几种。

1.燃油泵继电器和电动燃油泵

燃油泵继电器一般安装在中央电器盒上(图1-30),用于向电动燃油泵、电磁喷油器、氧传感器加热器和空气流量计提供电源,它由ECU控制。当ECU接收到点火开关接通的信号时,将会接通燃油泵继电器的控制回路。

电动燃油泵安装在燃油箱内,其结构如图1-31所示,用于供给一定压力的燃油。

a)   b)

图1-30 燃油泵及燃油泵继电器的安装位置

a)燃油泵 b)燃油泵继电器及安装位置

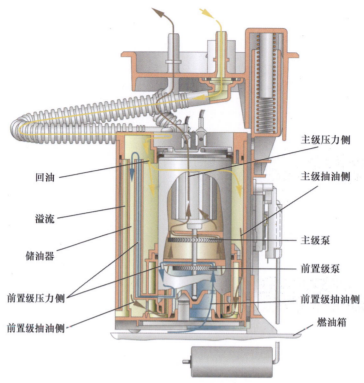

图 1-31　电动燃油泵的结构

2. 电磁喷油器

电磁喷油器安装在进气歧管处,在 ECU 的控制下向进气门后方的进气道处喷射燃油,如图 1-32 所示。当 ECU 发出喷油控制脉冲信号时,喷油器开始喷油;当 ECU 切断喷油信号时,喷油器停止喷油。

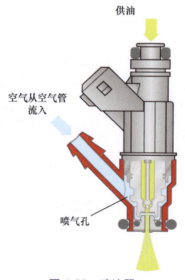

图 1-32　喷油器

3. 点火线圈组件

点火线圈组件集成了点火控制器和点火线圈,用来产生火花塞点火所需的高压电(图1-33)。点火器接收 ECU 发出的通/断控制指令,适时接通或切断点火线圈初级电流,在次级线圈中互感出最高可达 30kV 的高压电。点火线圈产生的高压电由高压导线传送至火花塞。

图 1-33　单独火花点火线圈

4. 各种微型电动机

各种微型电动机包括步进电动机(图1-34)、直流电动机(图1-35)等。

图 1-34　进气管翻板的电动机安装位置

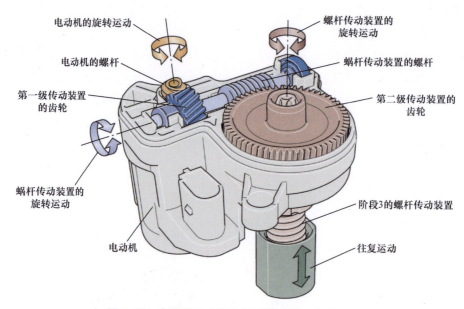

图 1-35　电子机械式驻车制动器（EPB）的结构

第二章 燃油系统执行器控制

第一节 压电阀式泵喷嘴

压电阀式泵喷嘴（版本：PPD1.1）（图2-1）是在电磁阀式泵喷嘴（图2-2）的基础上改良而成的。电磁阀已经被更快速且更易控制的压电阀所取代。另外，由于改进了泵喷嘴中不断变化的喷射压力的机械控制方式，因此不再需要伸缩式活塞。这样就可以减小高压容积，提高喷射效率。压电阀式泵喷嘴和电磁阀式泵喷嘴的技术数据对比一览表见表2-1。

这种新型泵喷嘴的安装方式与电磁阀式泵喷嘴（PDE-P2）相同，也是用2个螺栓进行固定，以免增加发动机总成成本。新型的泵喷嘴已经广泛用于2.0L 125kW 4V TDI 发动机以及4气门TDI发动机。

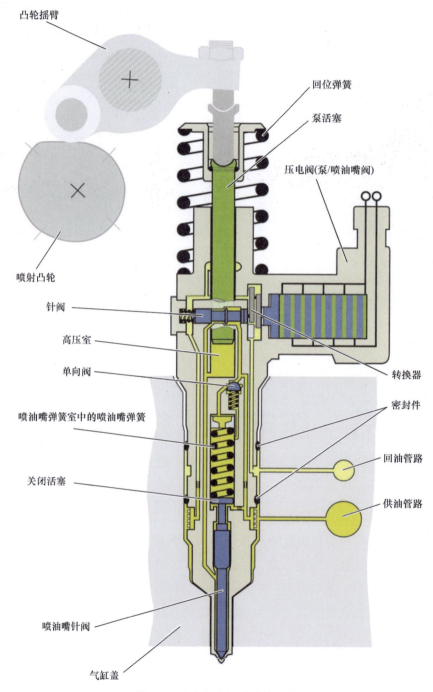

图 2-1　压电阀式泵喷嘴的结构

第二章 燃油系统执行器控制

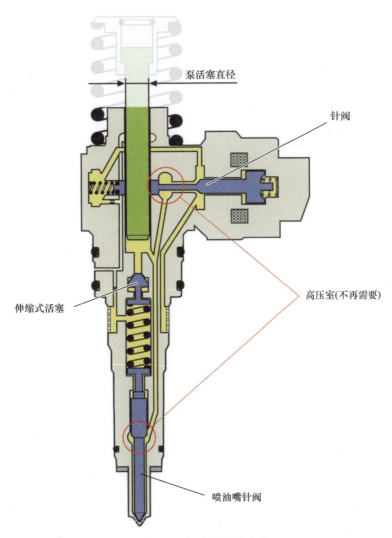

图 2-2 电磁阀式泵喷嘴

表 2-1 压电阀式泵喷嘴和电磁阀式泵喷嘴的技术数据对比一览表

参数	压电阀式泵喷嘴（PPD1.1）	电磁阀式泵喷嘴（PDE-P2）
泵活塞直径 /mm	6.35	8.0
最小喷射压力 /MPa	13	16
最大喷射压力 /MPa	220	205
可进行的预喷射次数	0～2（可变）	1（固定）
可进行的二次喷射次数	0～2（可变）	0 或 2
预喷射、主喷射和二次喷射之间的间距（曲柄角度）	>6°（可变）	6°～10°（固定）
预喷射量 /mm³	任意值（>0.5）	1～3
预喷射控制方式	压电阀（电控）	伸缩式活塞（机械/液压）
主喷射的升压方式	关闭活塞，单向阀	伸缩式活塞

一、喷射阶段的控制

如图 2-3 所示,由于新型压电阀的切换速度是以往电磁阀的近 4 倍,因此在每个喷射阶段都能关闭并重新开启转换阀。这样就可以更精确地控制喷射阶段,而且能更灵活地控制喷油量。

1. 喷射压力

如图 2-4 所示,每个喷射阶段对喷射压力的要求都不同。例如,预喷射阶段所需的喷射压力较低,主喷射阶段所需的喷射压力则非常高。而在扩展的喷射压力范围(13～220MPa)内允许发生进一步变化,从而改善排放水平,提高性能。

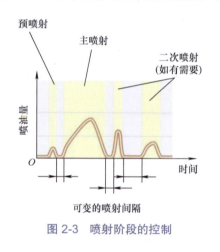

图 2-3 喷射阶段的控制

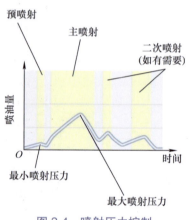

图 2-4 喷射压力控制

2. 噪声排放

当 TDI 发动机处于怠速时,主要的噪声源是泵喷嘴而不是燃烧噪声。这些噪声是由于泵喷嘴中喷射压力发生快速且大幅度的变化而引起的,并通过泵喷嘴驱动装置传递至发动机。可以通过更快、更精确的压电阀来影响压力变化,从而降低噪声。可以通过精确地控制压电阀,从而影响各喷射阶段的建压和卸压。由于泵活塞的直径更小,因此降低了驱动装置传递的机械噪声,从而使驱动泵喷嘴所需的功率也随之降低。

3. 效率

在这种情况下,更高的喷射效率意味着更低的驱动功率和耗油量。而效率的提高是通过取消高压室与伸缩式活塞实现的。由于降低了高压容积,因此仅需直径为 6.35mm 的泵活塞,即可产生所需的喷油量。

二、压电阀

新型泵喷嘴最重要的特点就是以压电阀取代了以前使用的电磁阀。压电阀的切换速度更快,其执行元件行程可以通过供电加以控制。该阀由一个带有壳体和接头的压电执行元件、转换器以及柱塞套筒中的针阀组成。

1. 压电执行元件

压电元件可应用于传感器，向压电元件施加压力时，其晶体结构的长度发生变化，将产生一个可测量的电压，这种现象称为压电效应。如图 2-5 所示，使用压电执行元件时，这种效应是逆向的，也就是逆压电效应。这意味着对压电元件施加电压，压电元件晶体结构的长度将发生变化。

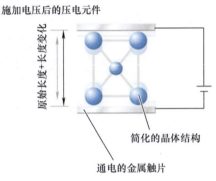

图 2-5 逆压电效应

压电元件的长度变化与施加的电压成一定比例。这意味着压电元件或压电执行元件的长度变化（图 2-6）可以通过电压来控制。压电执行元件的控制电压在 100～200V 之间。

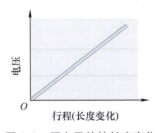

图 2-6 压电元件的长度变化

如图 2-7 所示，压电元件的厚度约为 0.08mm。当对压电元件施加电压时，其厚度仅变化 0.15%。为了使执行元件达到约 0.04mm 的最大行程，需要堆叠多个压电元件，并且需使用金属触片（供电）将压电元件堆中的各个压电元件隔开。压电元件堆与压板一起构成了压电执行元件。

2. 转换器

压电执行元件行程约为0.04mm，而针阀需要大约0.1mm的执行元件行程。为了补偿这一差值，使用了一个杠杆式的转换器。

如图2-8所示，当压电执行元件未起动时，转换器处于常态位置。针阀在针阀弹簧的作用下打开。如图2-9所示，当压电执行元件起动时，压板将对转换器施压。由于杠杆部件的比率，执行元件行程可扩大到约0.1mm。此时，针阀关闭，喷射压力建立。

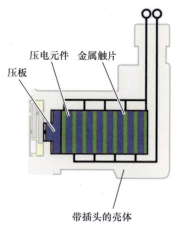

图2-7 压电执行元件原理图

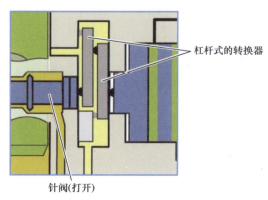

图2-8 压电执行元件未起动时

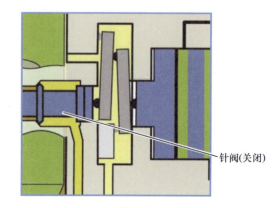

图2-9 压电执行元件已起动时

三、喷油器弹簧室

如图2-10所示，喷油器弹簧室包含喷油器弹簧，该弹簧用于关闭喷油器针阀，并防止喷油器针阀在喷射阶段开始时过早开启。但是，在不同喷射阶段，对于喷油器弹簧力（喷油器针阀关闭力）的要求完全不同。例如，在预喷射阶段，即使在很低的燃油压力下，喷油器针阀也要打开；而在主喷射阶段，仅在高燃油压力下喷油器针阀才会开启。此外，在一个喷射阶段结束后，喷油器针阀应快速关闭。为了满足这些喷油器弹簧力要求，喷油器弹簧需要喷油器弹簧室中高燃油压力的辅助，以完成主喷射和喷射针阀的关闭。该辅助由单向阀和关闭活塞完成。

1. 单向阀

在各喷射阶段结束时，喷油器弹簧室将充满高压燃油。燃油压力会通过针阀回流至供油管路中，然后在供油节气门处被堵住。单向阀就在燃油的高压作用下打开，从而开启了至喷油器弹簧室的通道。

供油管路中的燃油压力下降。单向阀将因此关闭。从而使得喷油器弹簧室中建立的压力保持不变。

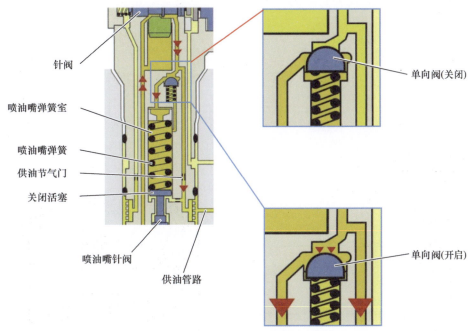

图 2-10 单向阀的结构

2. 关闭活塞

（1）关闭喷油器针阀 如图 2-11 所示，当一个喷射阶段完成时，喷油器弹簧室中充满高压燃油。这种高压燃油推动关闭活塞，辅助喷油器弹簧关闭喷油器针阀。喷油器针阀的快速关闭能改善废气排放，同时也意味着不再需要电磁阀式泵喷嘴中使用的伸缩式活塞。

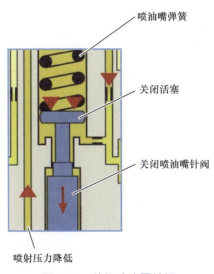

图 2-11 关闭喷油器针阀

（2）开启喷油器针阀　如图2-12所示，在喷射阶段结束后，喷油器弹簧室所保持的燃油压力将对下一个喷射阶段产生影响。此外，高燃油压力还会辅助喷油器弹簧，防止喷油器针阀过早开启。喷射阶段在高喷射压力的作用下开始。该高喷射压力对于改善主喷射阶段的燃烧和废气排放尤为重要。

（3）压力降低　如图2-13所示，由于预喷射阶段需要的喷射压力较低，因此在完成一个喷射周期（预喷射、主喷射和二次喷射）后，能够降低喷油器弹簧室中的燃油压力，这一点十分重要。这是通过关闭活塞周围的漏隙实现的。在每次喷射周期结束后，燃油压力下降，喷油器弹簧室中不再有其他的辅助压力，预喷射阶段可以在低喷射压力的作用下开始。

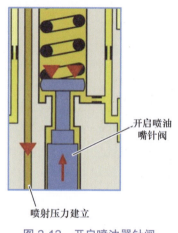
图2-12　开启喷油器针阀

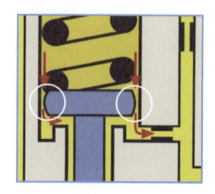
图2-13　压力降低关闭活塞周围的漏隙

3. 预喷射阶段

（1）高压室的充注　如图2-14所示，喷射凸轮的运动以及随后凸轮摇臂的向上运动将使回位弹簧向上推动泵活塞。喷射凸轮的特殊形状导致向上运动缓慢进行，高压室扩大。压电阀未起动，因此针阀开启，燃油通过供油管路充满高压室。

（2）预喷射开始　如图2-15所示，喷射凸轮通过凸轮摇臂以高速向下压泵活塞。燃油回流至供油管路中，直至压电阀起动然后关闭。一旦压电阀关闭，燃油将被压缩，开始建压。当压力达到13MPa时，作用在喷油器针阀上的燃油压力将大于喷油器弹簧力。

然后，喷油器针阀上升，预喷射阶段开始。喷油器针阀减振器的工作方式与电磁阀式泵喷嘴完全相同。在预喷射阶段，喷油器针阀的位移受到喷油器针阀和喷油器套筒之间液压衬套的限制。喷油器针阀这种受限的开启行程使得在预喷射阶段能精确地喷射少量燃油。

（3）预喷射阶段结束　如图2-16所示，预喷射阶段在压电阀打开针阀时结束。此时，供油管路中的燃油压力下降，喷油器针阀在喷油器弹簧的作用下关闭。在此过程中，供油节气门会阻止燃油压力的下降，该压力会通过单向阀传至喷油器弹簧室，从而辅助喷油器弹簧。

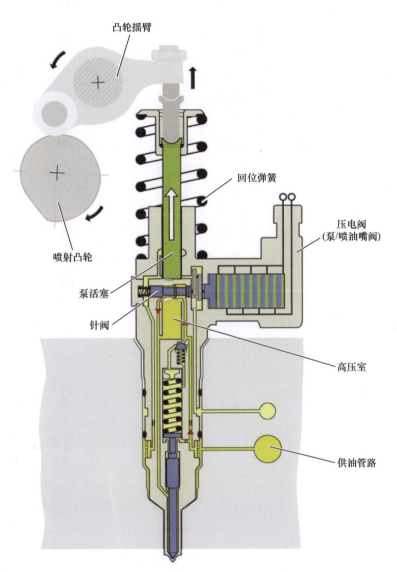

图 2-14 高压室的充注

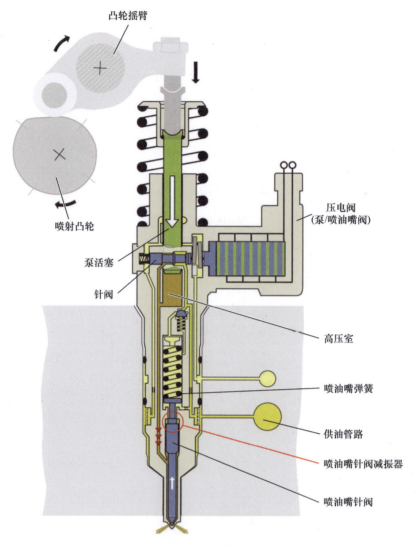

图 2-15 预喷射开始

高压燃油推动关闭活塞，从而提高喷油器针阀的关闭速度。根据发动机的运行模式，发动机控制单元可在每个喷射周期触发一两次预喷射。

4. 主喷射阶段

（1）主喷射阶段开始　如图 2-17 所示，泵活塞仍然向下移动。一旦针阀关闭，将再次建立燃油压力，主喷射阶段即开始。为确保喷油器针阀仅在高压下开启，喷油器弹簧室中的燃油压力将辅助喷油器弹簧。预喷射完成后建立的高燃油压力通过单向阀保持在关闭的喷油器弹簧室中，同时作用于关闭活塞。因此，当发动机达到其最大输出功率时，喷射压力可上升至最高 220MPa。

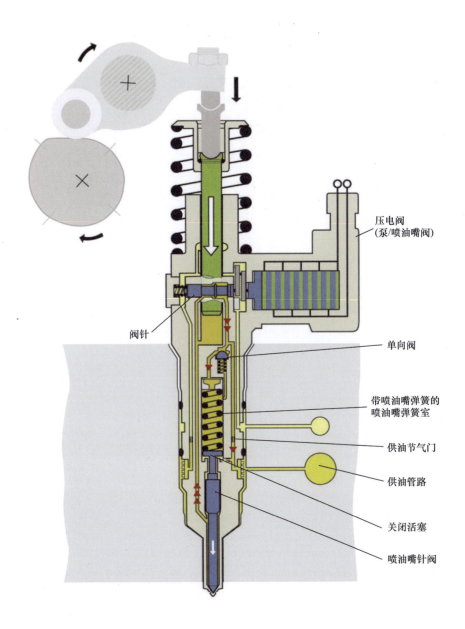

图 2-16 预喷射阶段结束

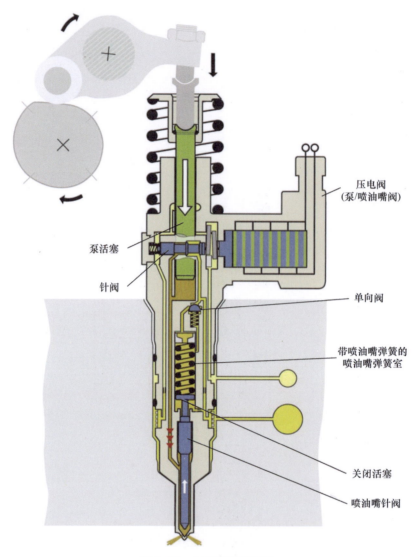

图 2-17 主喷射阶段开始

（2）主喷射阶段结束　如图 2-18 所示，当针阀开启时，主喷射阶段结束。供油管路和喷油器弹簧室中的高燃油压力均下降。喷油器针阀在喷油器弹簧和关闭活塞的作用下关闭。

冷却方式与电磁阀式泵喷嘴相同。燃油经过喷油器流入回油管路时被节流，而泄漏到柱塞套筒中的燃油也将流出。

5. 二次喷射阶段

（1）二次喷射阶段开始　如图 2-19 所示，二次喷射过程将通过一次二次喷射阶段来加以说明。在实际运行中，原则上至少要触发两次相同的二次喷射阶段。仅当柴油微尘滤清器再生需要进行二次喷射时，才会触发二次喷射。为了起动二次喷射，泵活塞继续向下移动。一旦针阀关闭且达到喷油器针阀开启压力时，二次喷射阶段即开始。

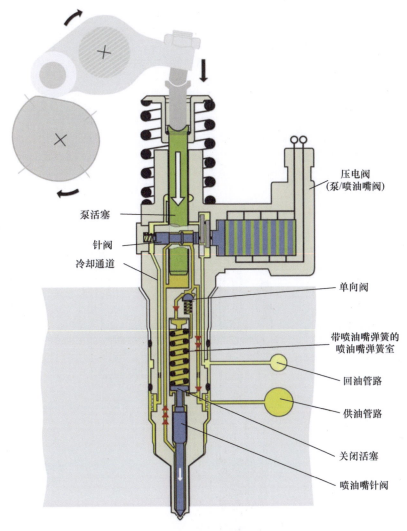

图 2-18 主喷射阶段结束

二次喷射阶段的工作方式与主喷射阶段相同。唯一的不同之处在于喷油量。由于二次喷射时间更短,因此其喷油量可能更少。

(2)二次喷射阶段结束 如图 2-20 所示,当针阀开启时,二次喷射阶段即结束。高燃油压力降低,喷油器针阀关闭。此时,由于单向阀开启,喷油器弹簧室中将再次建立高燃油压力。为了确保下次喷射能够再次在低燃油压力下进行,需要将高压燃油从喷油器弹簧室中释放出去。

而两次喷射周期之间的间隔时间足以使燃油通过关闭活塞周围的漏隙流出并流入供油管路。

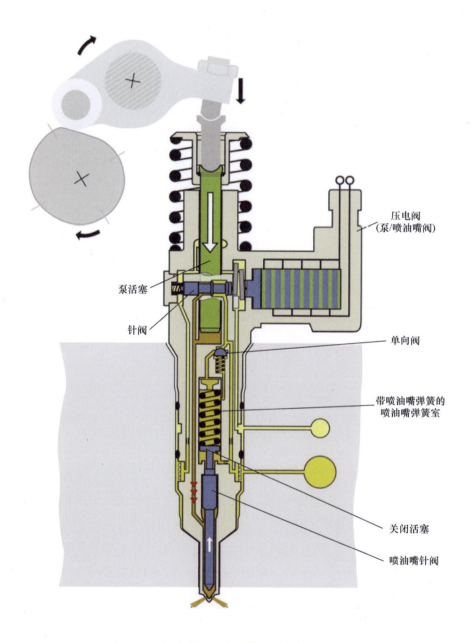

图 2-19 二次喷射阶段开始

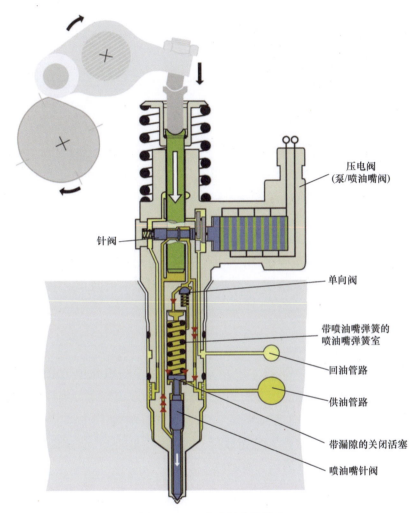

图 2-20 二次喷射阶段结束

四、泵喷嘴相关维修诊断

1. 泵喷嘴阀监控（压电阀）

为配合新型的压电阀式泵喷嘴，引入了名为 Simos PPD 1 的新型发动机控制单元（图 2-21）。Simos PPD 1 的诊断原理与用于电磁阀式泵喷嘴的 Motronic 相似。如图 2-22 所示，压电阀式泵喷嘴针阀的实际关闭时间是通过电压曲线上的一个转折点（BIP 表示喷射周期开始）进行测量的。

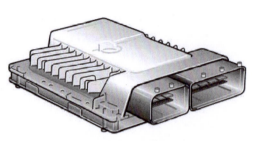

图 2-21 Simos PPD 1 的新型发动机控制单元

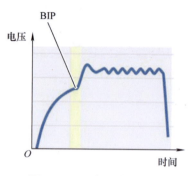

图 2-22 压电阀电压曲线

当针阀撞击到阀座时,所产生的力将与压电执行元件的运动相抵抗,从而产生电压变化。发动机控制单元会在两次喷射周期之间为所有 5 个喷射阶段触发一个测试脉冲,从而在不干扰泵喷嘴的情况下(例如高燃油压力)关闭针阀。

2. 超过或低于控制极限

如果 BIP 不在特定的控制极限范围内,则会将故障记录到故障存储器中。根据所发现故障的类型开启或关闭相应的泵喷嘴。如果泵喷嘴关闭,则可防止对泵喷嘴和发动机造成进一步损坏。

3. 拆卸和安装

(1)泵喷嘴和预热塞线束 如图 2-23 所示,在拆卸泵喷嘴和预热塞线束时,不可将线束管道从固定支架上脱开。如果向后弯曲固定支架并拆下线束管道,则可能损坏导线。

(2)尺寸和紧固螺栓 如图 2-24 所示,电磁阀式泵喷嘴(PDE-P2/2 个紧固螺栓)和压电阀式泵喷嘴尺寸相同,且气缸盖的螺纹尺寸也相同。但是,由于接头和控制单元不同,因此压电阀式泵喷嘴不能代替电磁阀式泵喷嘴。

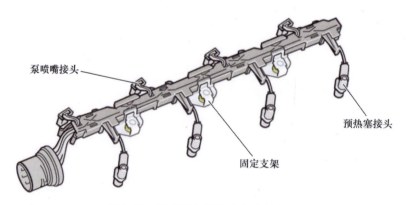

图 2-23 泵喷嘴和预热塞线束的拆装

4. 压电阀式泵喷嘴的版本

压电阀式泵喷嘴有两个版本，即型号 PPD1.0 和型号 PPD1.1。

第一个版本自 2006 款起投用于迈腾的 2.0L 103kW 4V TDI 发动机，并逐渐被最新版本的泵喷嘴（PPD1.1）所取代。这两个版本只能通过压印的零件号来区别，并且不可互换。如果同时安装了这两种泵喷嘴，发动机会运行不良。

5. 专用工具的相关信息

如图 2-25 所示，T10163 拔出器和 T10133 滑锤不仅可以用于压电阀式泵喷嘴的拆卸，也可用于其安装。新型 T10308 装配套筒用于安装压电阀式泵喷嘴的密封件。

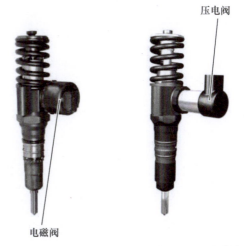

图 2-24 电磁阀式泵喷嘴和压电阀式泵喷嘴的外观区别

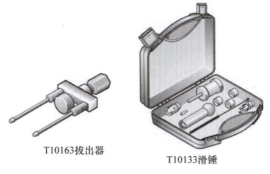

T10163 拔出器　　T10133 滑锤

图 2-25 拆卸工具

第二节　主动式气缸管理系统

配备主动式气缸管理系统的 1.4L 103kW TSI 发动机是 EA211 发动机中的一款。同时，这也是第一款为了降低燃油消耗可短时关闭四个气缸中的两个气缸的量产发动机。结合 BlueMotion 技术之后，该款发动机不仅能够提供强劲的动力，且具有非常突出的环保特点。主动式气缸管理系统（ACT）控制系统如图 2-26 所示，主动式气缸管理系统 ACT 部件结构如图 2-27 所示。

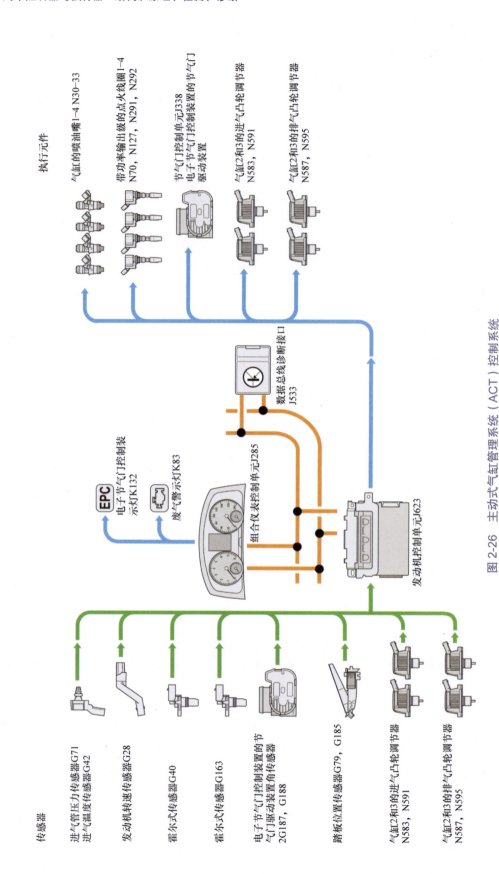

图 2-26 主动式气缸管理系统（ACT）控制系统

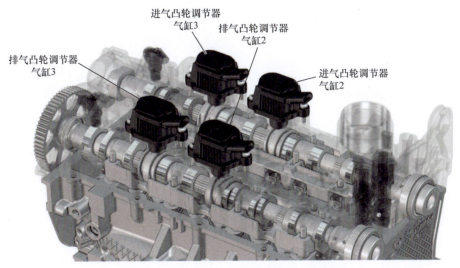

图 2-27　主动式气缸管理系统 ACT 部件结构

通过主动式气缸管理系统 ACT，可在较大部分负荷区间内完全关闭气缸 2 和 3。也就是说，这两个气缸的进气门和排气门保持关闭并停止燃油喷射和点火。发动机以 2 缸模式运行。因此，发动机在一个节油效率区间内运行并降低燃油消耗量。气门被两个进气和排气凸轮调节器关闭。发动机起动时始终为 4 缸模式。气缸关闭条件：

1）发动机转速约在 1250～4000r/min 之间。
2）所要求的发动机转矩取决于转速，最高为 85N·m。
3）机油温度最低为 10℃。
4）空燃比调节激活。

一、主动式气缸管理系统的优势

1. 非节气运行模式

相对于柴油发动机，汽油发动机有一个很大的缺点，即在部分负荷运行区间需以较高的节气运行方式。因为柴油发动机几乎实现了非节气运行，并通过喷射的燃油量调节转矩，而汽油发动机必须在所有条件下都将空气/燃油比调节为过量空气系统 $α=1$。只有这样才能满足三元催化转化器的排放标准。为了说明 2 缸模式的优势，将展示 2 缸和 4 缸模式部分负荷时的节气门位置。在这两种情况中，发动机控制单元都会计算所需转矩需要多少新鲜空气和燃油。

2. 4 缸模式

如图 2-28 所示，为了给所有气缸提供新鲜空气，节气门针对所需转矩仅需打开很小的角度。进气时，在节气门处产生强烈的涡流。由于这些涡流的作用，发动机必须克服一个很大的阻力才能吸入空气。燃油消耗会由于节气损失而升高。

3. 2缸模式

如图2-29所示,为了在2缸模式中产生与4缸模式相同的转矩,必须为这两个气缸输入与之前4个气缸大致相同的空气量。为达到这个效果,节气门必须打开较大的角度。因为打开角度较大,在节气门处会产生较小的涡流效果。发动机吸入空气时,仅需克服较小的阻力,燃料消耗下降。

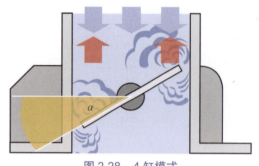

图2-28 4缸模式

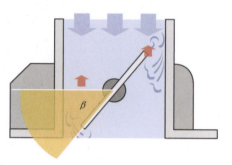

图2-29 2缸模式

4. 更小的换气损失

如图2-30所示,关闭的气缸2和3完全停止换气。这两个气缸的滚子摇臂运行至零行程凸轮位置处,气门保持关闭。发动机无需为关闭的气缸提供燃油,也不必为了打开气门而吸入和排出空气。

5. 改进效率

如图2-31所示,气缸1和4承担已关闭的气缸2和3的工作。因此,这两个气缸在更高的负荷区间内工作。此时,混合气制备和燃烧更高效。此外,在关闭的气缸中不会有燃烧热量传输至气缸壁上。发动机的气缸壁热量损失降低且热效率提高。

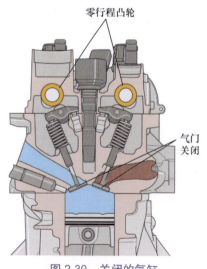

图2-30 关闭的气缸

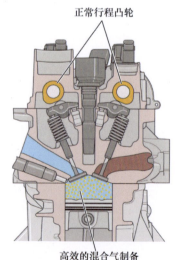

图2-31 运行的气缸

二、主动式气缸管理系统的结构

如图 2-32 所示，凸轮轴外壳由铝压铸件制成，与两个凸轮轴共同构成一个模块。凸轮轴的结构都是相同的。凸轮轴属于带有外花键，气缸 1 和 4 的两个固定凸轮部件以及气缸 2 和 3 的可纵向移动凸轮部件被推到外花键上。凸轮轴安装在凸轮轴壳体中。可移动凸轮部件通过凸轮轴壳体上的进气和排气凸轮调节器移动。

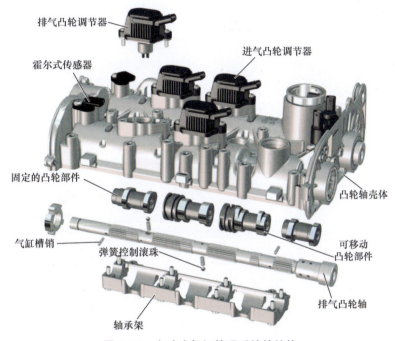

图 2-32　主动式气缸管理系统的结构

凸轮轴的一半位于凸轮轴壳体中，固定在两个稳定的轴承架中。此时，凸轮部件同时作为支承部位。如图 2-33 所示，为了减少摩擦，每根凸轮轴上受到齿形传动带传动机构负荷最大的第一根轴都采用向心球轴承设计。维修时，需同时更换凸轮轴壳体和凸轮轴。

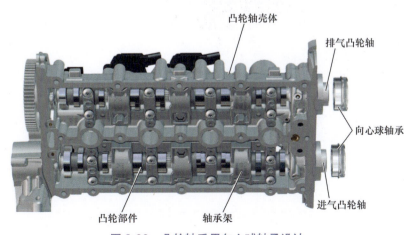

图 2-33　凸轮轴采用向心球轴承设计

三、凸轮轴的结构

如图 2-34 所示,在凸轮轴上有两种凸轮部件,气缸 1 和 4 的凸轮部件通过花键和一个气缸槽销与凸轮轴固定连接。气缸 2 和 3 的凸轮部件通过弹簧加载滚珠固定,在花键上沿纵向可移动约 7mm。由于可移动凸轮部件的空间原因和统一设计的原因,该发动机的所有凸轮滚动面和滚子摇臂的滚子要比传统发动机的细长。

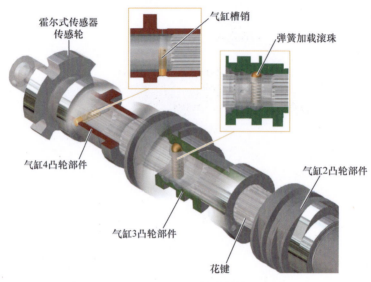

图 2-34 凸轮轴的结构

1. 可移动凸轮部件

可移动凸轮部件的结构如图 2-35 所示,气缸 2 和 3 的可移动凸轮部件具有以下特性:

图 2-35 可移动凸轮部件的结构

1）通过滑槽实现各个轴的凸轮部件调节。金属销通过回弹斜面弹回到凸轮调节器中。
2）凸轮部件和凸轮轴的花键使凸轮部件沿纵向移动。
3）可移动凸轮部件和固定的凸轮部件在凸轮轴壳体和轴承架之间同时作为凸轮轴的支承部位。
4）滚子摇臂在正常行程凸轮上运行时，气缸打开。气门启用运行。气门在零行程凸轮上运行时，气缸关闭。气门未被启用。

2. 凸轮部件的移动

如图 2-36 所示，凸轮部件的移动需通过凸轮调节器中的金属销实现。根据调节的方向，两个金属销中的一个会卡入到相应的滑槽中。槽的设计形状确保在金属销移出和凸轮轴转动时，凸轮部件必须沿纵向移动，槽在展开后为 Y 形。

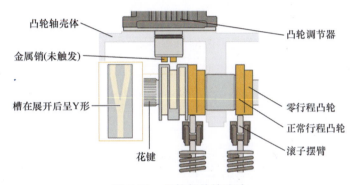

图 2-36　凸轮部件的移动

如关闭一个气缸的气门时，发动机控制单元通过一个较短的接地脉冲触发凸轮调节器。如图 2-37 所示，相应的销钉弹出，并插入凸轮部件的滑槽中。由于凸轮轴的转动以及槽的形状，凸轮部件沿纵向向左移动。

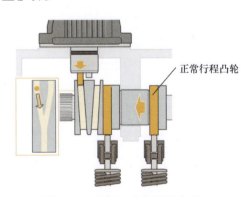

图 2-37　关闭一个气缸的气门 1

如图 2-38 所示，在两个滑槽相交的位置上，一个弹簧加载滚珠将凸轮部件挤压到凸轮轴壳体的止挡块上，并将其锁定。现在，滚子摇臂在零行程凸轮上运行。气门不再处于受控状态。为了返回到正常行程凸轮上,弹出另一个金属销,凸轮部件向右移动。

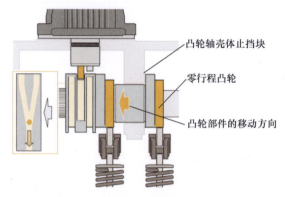

图 2-38 关闭一个气缸的气门 2

3. 金属销弹回

为了让金属销回到其初始位置,Y 形槽的末端采用斜面设计。如图 2-39 所示,通过斜面结构,金属销弹回凸轮调节器中,同时还通过凸轮调节器中的一块磁铁固定在初始位置。

由于金属销弹回,在凸轮调节器中形成一个感应电压。发动机控制单元通过这个感应电压识别是否成功调节凸轮部件。

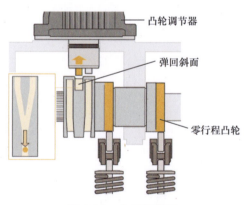

图 2-39 金属销弹回

4. 弹簧加载滚珠

为了让凸轮部件在调节时的移动距离不会过大,止挡块用于限定纵向的最大调节距离。这个止挡块构成了凸轮轴外壳和两个轴承架中的支承部位。如图 2-40 所示,弹簧加载滚珠有两个作用:

1)调节过程中,将凸轮部件挤压到所需位置。

2)在下一次调节过程开始之前,将凸轮部件保持在当前的位置。

当凸轮部件卡止在支承部位时,极少情况下可能出现咔啦声。这属于正常的机械噪声。

> **注意**
>
> 该声音会在模式切换时出现,仅可以短暂感觉到。

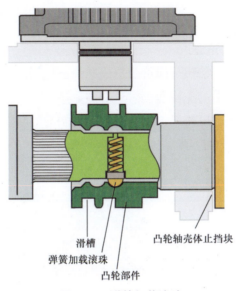

图 2-40 弹簧加载滚珠

四、发动机管理系统

发动机管理系统为博世 Motronic MED 17.5.21,其控制单元外形如图 2-41 所示。除一般的作用外,其承担了主动式气缸管理系统 ACT 的全部控制工作。其中包括计算是在 2 缸模式还是在 4 缸模式下省油,采取关闭和打开气缸所需的措施以及监控功能和执行系统诊断。

图 2-41 发动机控制单元

五、主动式气缸管理系统 ACT 的工作范围

气缸关闭的工作区间多在一般行驶状况下。

1. 2 缸模式的条件

1)发动机转速约在 1250~4000r/min 之间(图 2-42)。如果低于这个转速区间,在 2 缸模式中发动机将出现转动不平稳,高于这个转速区间时,凸轮调节器上的切换力可能过大。

2)所要求的转矩取决于转速,最高为 85N·m。如果转矩更高,由于 2 缸模式下的爆燃极限和点火时间点推移无法达到最佳的燃油消耗,因此重新全部激活四个气缸。

3）机油温度最低为10℃。凸轮调节器中的移动部件通过机油润滑。机油温度较低且较稠时，没有足够的时间在正确的时间点弹出金属销和移动凸轮部件。

4）空燃比调节激活。这样才能保证换档时不会出现抖动。

2. 2缸切换4缸模式要求

即使满足了上述条件，其他要求也可能导致继续以4缸模式行驶，也就是从2缸模式切换至4缸模式。此类要求可能是：

1）运动型驾驶方式，反复切换反而可能造成燃油消耗提高。

2）加热要求，要求必须尽可能快地提供全部加热功率。

3）下坡行驶和断油滑行，以便尽可能利用发动机制动效果。

4）剧烈加速时，以便发动机可以提供相应的功率。

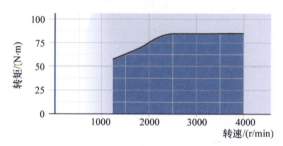

图 2-42 主动式气缸管理系统的工作区间

六、气缸关闭过程和打开过程

1. 气缸关闭过程

整个关闭过程在凸轮轴转动一圈之内完成，且仅持续几毫秒。在这个过程中，必须通过各种措施确保在关闭时不会出现负荷跃升，并让驾驶人尽可能感觉不到这个过程的发生。措施的执行顺序也非常重要，因为必须始终保持过量空气系数为1，同时进气系统中的变化持续时间要比点火系统长。关闭过程的五个阶段见表2-2。

表 2-2 关闭过程的五个阶段

阶段/动作	模式	说明	图示
阶段1 节气门位置	4缸模式	为了在关闭气缸2和3后给气缸1和4供应足够的空气，节气门打开角度增大。全部气缸获得的空气量相当于为2缸模式时当前转矩所需空气量的两倍	

（续）

阶段/动作	模式	说明	图示
点火时间点调节气缸 1 至 4	4 缸模式	由于全部气缸仍打开，在接下来的工作循环过程中可能出现明显的转矩升高。为了避免这种情况出现，通过增加空气量将点火时间点向"延迟"方向调节，进而降低效率。转矩保持恒定	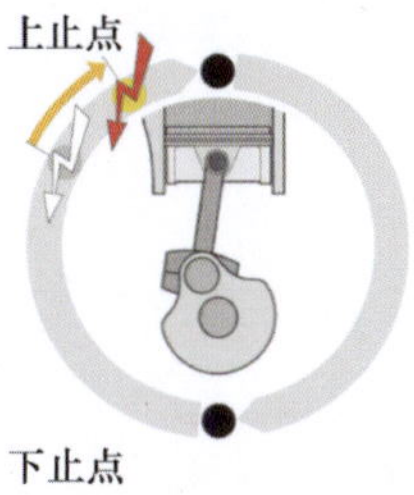
阶段 2 排气	2 缸模式	在上一次做功行程之后将排出废气	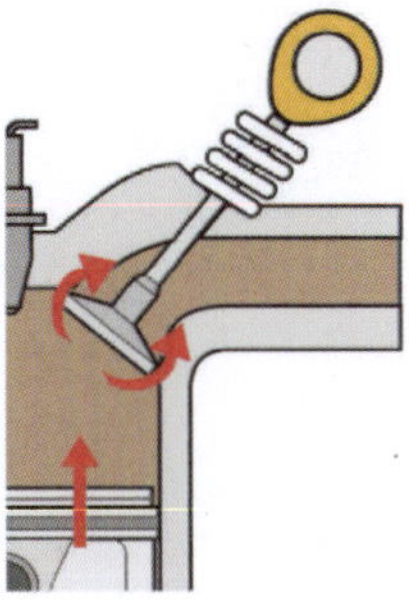
排气门气缸 2 和 3		排气时，发动机控制单元通过一个较短的接地脉冲触发排气凸轮调节器。调节凸轮部件，滚子摇臂在零行程凸轮上运行。排气门未受控运行	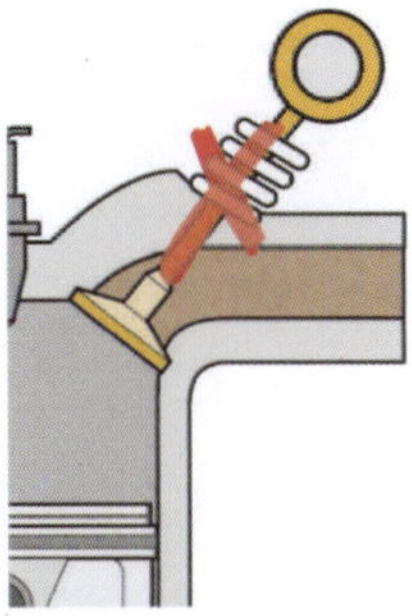
阶段 3 喷射、点火气缸 2 和 3	2 缸模式	喷射和点火关闭	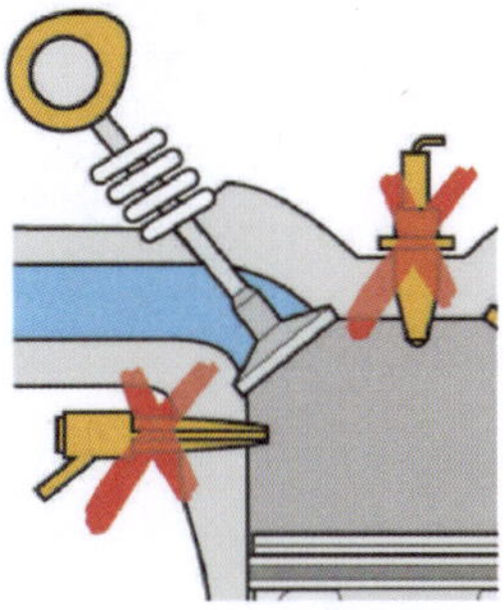

(续)

阶段/动作	模式	说明	图示
阶段4 进气门气缸2和3	2缸模式	再次吸入新鲜空气。被密封的新鲜空气产生类似于弹簧的作用。然后，用于压缩空气的作用力可以为活塞向下运动提供支持 吸入新鲜空气时，发动机控制单元通过一个较短的接地脉冲触发进气凸轮调节器。调节凸轮部件，滚子摇臂在零行程凸轮上运行。进气门未受控运行	
阶段5 点火时间点调节气缸1和4	2缸模式	为了达到最佳的效率，将气缸1和4的点火时间点向"提前"方向调节	

2. 气缸打开过程

同时，在打开过程中也不应产生干扰驾驶人的负荷跃升现象。因此，为了抑制转矩剧增，在发动机机械系统和发动机管理系统中也要采取一系列的不同措施。气缸打开过程的五个阶段见表2-3。

表2-3 气缸打开过程的五个阶段

阶段/动作	模式	说明	图示
阶段1 排气门气缸2和3	2缸模式	发动机控制单元通过一个较短的接地脉冲触发排气凸轮调节器。调节凸轮部件，滚子摇臂重新在正常行程凸轮上运行。排气门受控运行，新鲜空气被推出	

（续）

阶段/动作	模式	说明	图示
阶段2 排气门气缸1和4	2缸模式	新鲜空气的存在稀释了三元催化转化器上的废气，空燃比大于1。但为了达到最佳的功能，三元催化转化器需要空燃比为1，进而应提高气缸1和4的喷油量，以保证在三元催化转化器上的空燃比为1	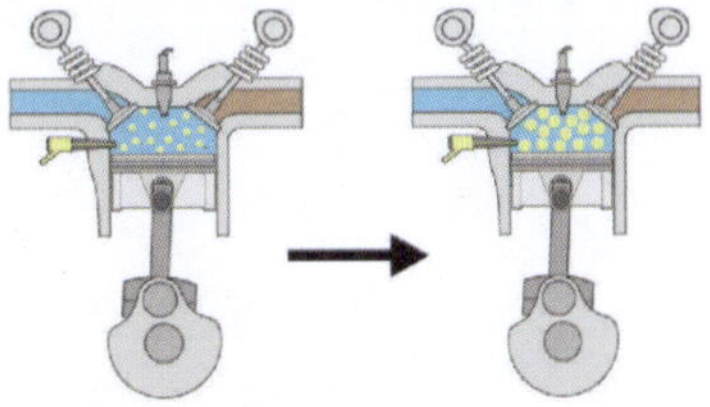
阶段3 进气门气缸2和3	4缸模式	发动机控制单元通过一个较短的接地脉冲触发进气凸轮调节器 调节凸轮部件，滚子摇臂重新在正常行程凸轮上运行 进气门受控运行，并吸入新鲜空气	
阶段4 点火时间点调节气缸1至4	4缸模式	由于全部气缸再次执行喷射和点火过程，且节气门的打开角度仍很大，在接下来的做功行程中可能出现明显的转矩升高。为了避免这种情况出现，点火时间点需向"延迟"方向推移并降低效率。转矩保持恒定	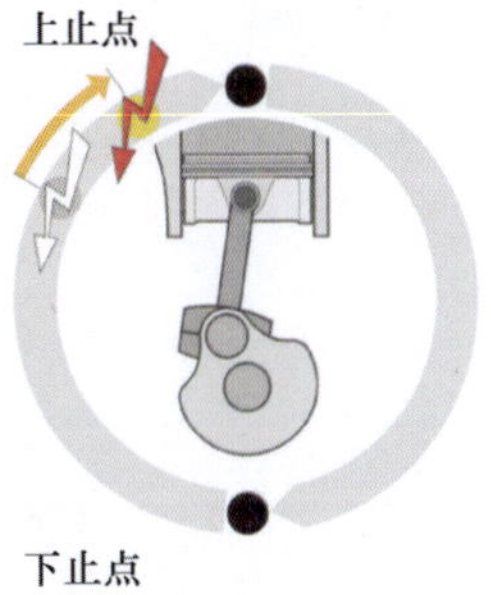
阶段5 节气门位置	4缸模式	由于现在为全部四个气缸供应空气，为了避免转矩跃升，节气门进一步关闭	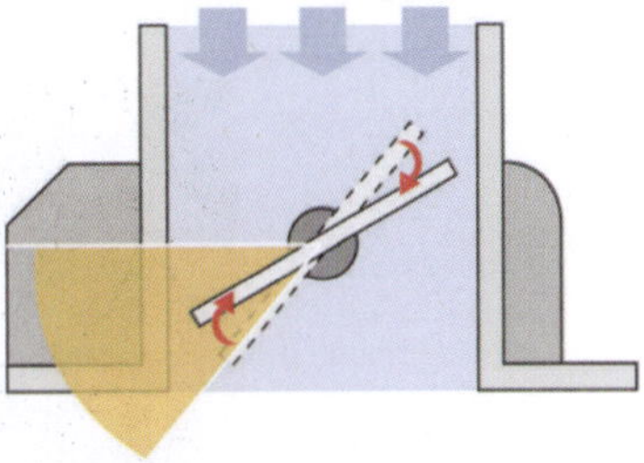
点火时间点调节气缸1至4	4缸模式	为了达到最佳的效率，全部气缸的点火时间点均向"提前"方向调节	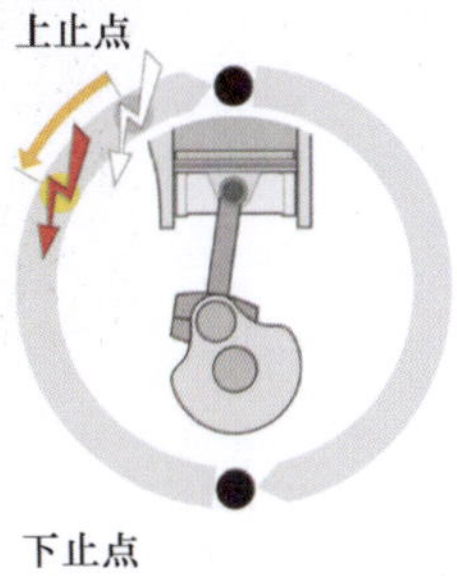

七、主动式气缸管理系统（ACT）的显示

1. 仪表显示

如图 2-43 所示，驾驶人根据显示识别是否正在以节油 2 缸模式行驶。在组合仪表的多功能显示屏 MFA 上，主动式气缸管理系统在瞬时平均油耗菜单项下显示。当发动机以 2 缸模式运行时，显示屏将出现 2 缸模式的显示内容。以 4 缸模式运行时，该显示内容消失，并仅显示瞬时平均油耗。

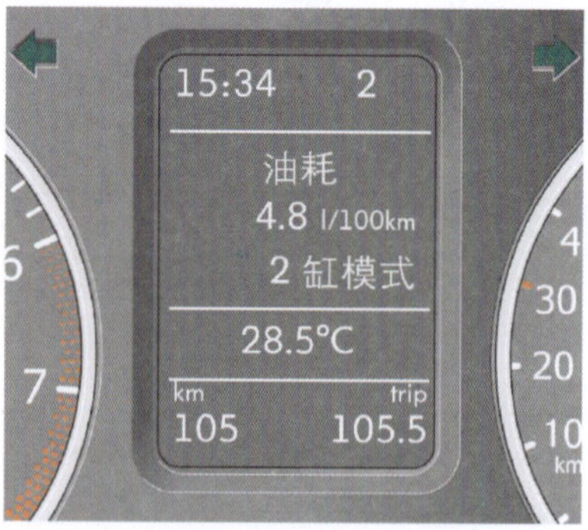

图 2-43 Polo BlueGT 组合仪表显示

2. 故障影响

显示出现故障时，在组合仪表的显示屏上将不显示该内容。此故障对系统没有任何影响。

八、传感器

发动机管理系统的很多功能会用到下列传感器的信号。为了确保功能正常，例如系统诊断，主动式气缸管理系统也会用到这些信号。

1. 霍尔式传感器 G40 和 G163

（1）传感器作用　如图 2-44 所示，发动机控制单元通过两个霍尔式传感器和发动机转速传感器 G28 的信号识别凸轮轴的准确位置。精确计算弹出金属销的时间点时，必须获知该信息。

图 2-44　霍尔式传感器 G40 和霍尔式传感器 G163 的安装位置

（2）信号失灵时的影响　如果两个传感器中的一个失灵，将切换至 4 缸模式且主动式

气缸管理系统关闭。在故障存储器中将生成一个故障记录，同时电子节气门控制装置故障指示灯 K132 亮起。

2. 发动机转速传感器 G28

（1）**传感器作用**　发动机转速传感器 G28 的安装位置如图 2-45 所示，发动机转速传感器的信号用于：开启 2 缸模式。该模式仅允许在 1250r/min 和 4000r/min 的转速区间内开启。精确计算弹出金属销的时间点，与霍尔式传感器的信号一起由发动机控制单元用于识别准确位置。

（2）**信号失灵时的影响**　如果该信号失灵，将切换至 4 缸模式且主动式气缸管理系统关闭。在故障存储器中将生成一个故障记录，同时电子节气门控制装置故障指示灯 K132 亮起。

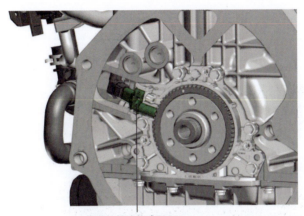

图 2-45　发动机转速传感器 G28 的安装位置

3. 进气凸轮调节器 N583、N591 和排气凸轮调节器 N587、N595

（1）**调节器作用**　凸轮调节器的安装位置如图 2-46 所示，金属销弹回时，在凸轮调节器中将形成一个感应电压。发动机控制单元通过这个感应电压识别是否已成功调节凸轮部件。

（2）**信号失灵时的影响**　如果该信号失灵，主动式气缸管理系统关闭。在故障存储器中保存一个故障记录，同时电子节气门控制装置故障指示灯 K132 亮起。

4. 进气压力传感器 G71 和进气温度传感器 G42

（1）**传感器作用**　如图 2-47 所示，通过进气压力传感器同样可以检查两种模式之间的切换。因为进气门的打开和关闭，在两种模式中会形成特定的压缩比。如果当前的压缩比与规定压缩比不同，发动机控制单元会由于故障而中断切换。

图 2-46 进气凸轮调节器 N583、N591 和排气凸轮调节器 N587、N595 安装位置

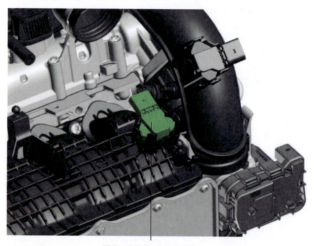

图 2-47 进气压力传感器 G71 和进气温度传感器 G42 安装位置

（2）信号失灵时的影响 如果该信号失灵，主动式气缸管理系统关闭。在故障存储器中保存一个故障记录，同时电子节气门控制装置故障指示灯 K132 亮起。

5. 节气门控制单元 J338 和电子节气门控制装置的节气门驱动装置角传感器 G187 和 G188

（1）作用 节气门控制单元 J338 安装位置如图 2-48 所示，在两种模式之间进行切换时，必须对空气量进行相应调整。通过节气门驱动装置角传感器，一方面可以识别节气门的当前位置，另一方面还可识别需为切换过程调节多大的角度。

（2）信号失灵时的影响　如果两个传感器中的一个失灵，主动式气缸管理系统关闭。在故障存储器中将生成一个故障记录，同时电子节气门控制装置故障指示灯 K132 亮起。

图 2-48　节气门控制单元 J338 安装位置

6. 加速踏板位置传感器 G79 和 G185

（1）传感器作用　发动机控制单元通过加速踏板位置传感器的信号识别负荷要求以及驾驶人的驾驶方式。如果识别到剧烈加速或非常运动的驾驶方式，发动机控制单元将保持或切换为 4 缸模式。频繁的切换会提高燃油消耗。

（2）信号失灵时的影响　如果信号失灵，将无法识别负荷要求、加速或运动型驾驶方式。如果没有其他措施，主动式气缸管理系统将关闭。在故障存储器中将生成一个故障记录，同时电子节气门控制装置故障指示灯 K132 亮起。

九、凸轮调节器失灵影响

1. 凸轮调节器作用

如图 2-49 所示，在凸轮轴壳体上装有进气和排气凸轮调节器。凸轮调节器是电磁执行元件，通过该元件可使凸轮部件在凸轮轴上沿轴向移动。根据控制的不同，关闭或打开气缸 2 和 3。另外，通过金属销的弹回信号识别每个凸轮调节器的切换是否成功。

2. 一个或多个凸轮调节器失灵时的影响

根据凸轮调节器的金属销是否缺少弹回信号，发动机控制单元识别凸轮调节器是否失灵和哪个凸轮调节器失灵，以及是否未进行切换。一个或多个凸轮调节器失灵时的反应取决于发动机是否正在以 4 缸或 2 缸模式运行。

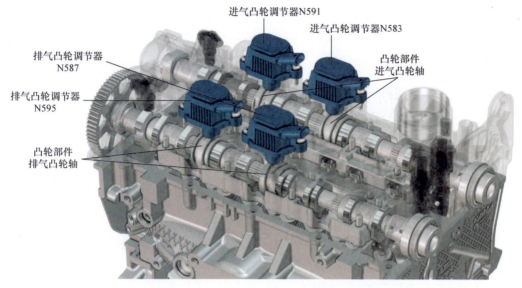

图 2-49　进气凸轮调节器 N583、N591 和排气凸轮调节器 N587、N595 安装位置

（1）从 4 缸模式切换到 2 缸模式　由于缺少金属销弹回信号，如果发动机控制单元识别到气缸 2 排气凸轮调节器未关闭排气门，那么气缸 2 和 3 已关闭的气门会重新打开。发动机以 4 缸模式运行。

（2）从 2 缸模式切换到 4 缸模式　由于缺少金属销弹回信号，如果发动机控制单元因为识别到气缸 3 进气凸轮调节器未打开进气门，那么气缸 3 已经打开的排气门会重新关闭。发动机以三个气缸模式继续运行。如果两个气缸的凸轮调节器失灵，则其他的气门 / 气缸也会关闭。发动机以 2 缸模式继续运行。

（3）缺少弹回信号　发动机控制单元识别到缺少一个或多个弹回信号：

1）主动式气缸管理系统关闭。

2）故障存储器记录故障。

3）电子节气门控制装置故障指示灯 K132 亮起。

（4）重起发动机　下一次起动发动机时，主动式气缸管理系统重新打开并尝试关闭或打开缺少弹回信号的凸轮部件。如果该切换过程成功，则系统恢复正常。故障指示灯熄灭，偶尔出现故障存储器记录，稍后被删除。如果切换过程未成功，则执行与缺少弹回信号相同的反应。

（5）多次缺少弹回信号　如果在三个连续的行驶循环内均出现缺少弹回信号的情况，则排气警告灯 K83 亮起，直至故障排除。一个行驶循环包括点火开关打开和发动机起动。

十、凸轮调节器控制

在未切换状态中，通过主继电器 J271 持续为凸轮调节器加载蓄电池电压。为了控制凸轮调节器，发动机控制单元短时切换为接地。金属销弹出且凸轮部件的移动过程开始。结束时,金属销通过弹回斜面弹回到凸轮调节器中,此时形成感应电压。控制曲线如图 2-50 所示。

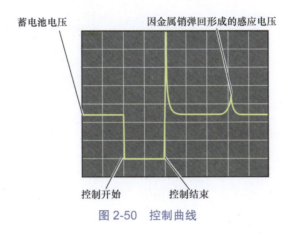

图 2-50 控制曲线

1. 金属销处于静止位置

如图 2-51 所示,在电气接口上加载有蓄电池电压。两个永磁铁将金属销固定在静止位置。气缸的可移动凸轮部件 2 和 3 通过弹簧加载滚珠保持在其当前位置。

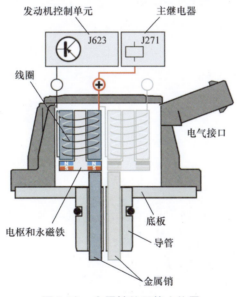

图 2-51 金属销处于静止位置

2. 金属销弹出

如图 2-52 所示,如果触发了执行元件,则发动机控制单元短时接地。电磁线圈在执行元件中形成一个磁场,电磁铁和电枢永磁铁上的 N 极相互排斥。通过永磁铁将金属销弹出。现在弹出到滑槽中的金属销使凸轮部件移动,同时凸轮轴转动。金属销通过紧靠底板的永磁铁保持其位置。

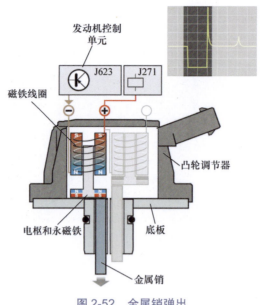

图 2-52 金属销弹出

3. 金属销弹回

如图 2-53 所示，滑槽的轮廓设计确保执行元件的金属销在转动约一圈后通过一个弹回斜面被弹回。由于金属销和永磁铁弹回，在电磁铁的电磁线圈中形成一个感应电压。发动机控制单元根据弹回信号识别到凸轮部件已经移动，且金属销已复位。此时，永磁铁还将金属销固定在其位置处。

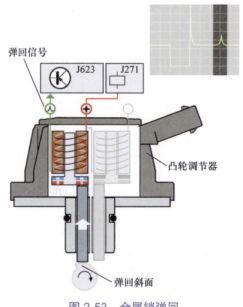

图 2-53 金属销弹回

十一、自诊断与功能检测

1. 弹回信号

发动机控制单元分析弹回信号,并识别已执行凸轮部件调节。如果缺少该信号,发动机管理系统将认为存在故障。

2. 进气压力传感器

当所有气缸均打开或两个气缸关闭时,在进气歧管中存在一定的压缩比。如果这个压缩比与标准值不符,可能是某个凸轮部件处于错误的位置。

3. 自诊断

自诊断将对凸轮调节器的全部电气接口进行诊断,并在出现故障时在故障存储器中存储故障信息。

4. 功能检测

在引导型故障查询菜单("子系统、框架条件"的"检测计划 - 气缸关闭")中检查凸轮调节器的功能。在检测计划"检查气缸关闭"中,在转速为1500r/min、2000r/min和3000r/min时,来回切换所有凸轮部件。如果调节正确,将显示系统"正常"。

第三章 进排气系统执行器控制

第一节 气门升程的切换控制

如图3-1所示,大众EA888发动机2.0L TSI发动机的气缸盖重新开发后,将排气歧管集成安装到气缸盖中,这样排气再循环冷却可在气缸盖内进行,排气在气缸盖内流动。进气和排气凸轮轴有可变气门正时功能。排气凸轮轴还有气门升程切换功能,可让气门在两个不同的凸轮轮廓上打开和关闭。

冷却液温度传感器G62通过螺钉拧入变速器侧的气缸中。该传感器安装在气缸盖中最热的位置,它可准确地记录温度变化,防止冷却液沸腾。

一、电子气门升程切换

如图3-2所示,通过排气凸轮轴上的电子气门升程切换以及进气和排气凸轮轴上的可变气门正时,实现了对每个气缸气体交换的优化控制。较小的凸轮轮廓仅用于低转速。何时使用凸轮轮廓以及使用哪个凸轮轮廓,均存储在图谱中。

第三章　进排气系统执行器控制

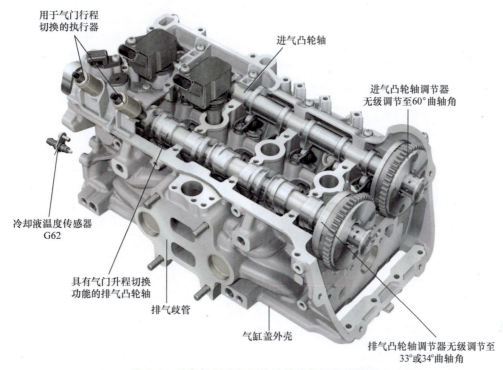

图 3-1　具有气门升程切换功能的气缸盖的结构

这项功能可以优化气体交换，防止排气回流到之前的 180°排气缸，入口打开时间更早，填充程度更佳，通过燃烧室内的正压差减少余气，提升响应性，在较低转速和较高增压压力下达到更大的转矩。

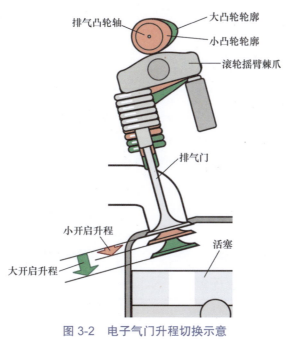

图 3-2　电子气门升程切换示意

如图 3-3 所示，为了在排气凸轮轴上两个不同的气门升程之间相互切换，此凸轮轴有 4 个可移动的凸轮件（带有内花键）。每个凸轮件上都装有两对凸轮，其凸轮升程是不同的。通过执行器对两种升程进行切换。执行器接合每个凸轮件上的滑动槽，并移动凸轮轴上的凸轮件。这表明，每个凸轮件有两个执行器用于在两种升程之间来回切换。凸轮轴中的弹簧加载式球体将凸轮件锁定在其各自的端部位置。凸轮轴的滑动槽和轴向推力轴承会限制凸轮件的移动。因为设计包含了凸轮轴上的一对凸轮，所以滚轮摇臂棘爪的接触面更窄小。

图 3-3　电子气门升程的机械结构

二、用于气门升程切换的执行器

用于气门升程切换的执行器安装位置图 3-4 所示，在两个执行器（气缸 1-4 的排气凸轮执行器 A/B）的辅助下，每个凸轮件在排气凸轮轴上在两个切换位置之间被来回推动。每个气缸的一个执行器切换到更大的气门升程，另一个执行器切换到更小的气门升程。

每个执行器由发动机控制单元 J623 的接地信号起动，通过主继电器 J271 提供电压。执行器的电流消耗约为 3A。

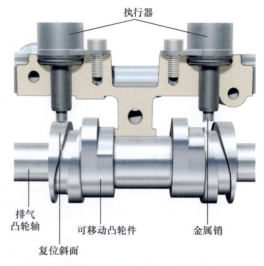

图 3-4　用于气门升程切换的执行器安装位置

1. 执行器结构

如图 3-5 所示,每个执行器(气缸 1-4 的排气凸轮执行器 A/B)都包含一个电磁线圈。金属销通过导管被向下移。在收缩位置和伸展位置,金属销通过一个永磁铁被固定在执行器壳体中的相应位置。

2. 执行器功能

如图 3-6 所示,当电流通过执行器电磁线圈时,金属销在 18～22ms 内被移动。伸展的金属销接合到排气凸轮轴上凸轮件的相关滑动槽中,并通过凸轮轴旋转推动滑动槽到相应的切换位置。金属销通过机械方式在滑动槽(相当于一个复位斜面)的作用下缩进去。凸轮件的两个执行器被起动时,总是只有一个执行器上的金属销移动。

发动机控制单元根据重置信号得知金属销的当前位置。当复位斜面推动执行器的金属销缩到元件的导管中时,生成一个重置信号。发动机管理系统可根据哪个执行器发出重置信号(图 3-7)来确定相关滑动装置的当前位置。

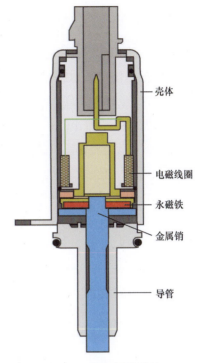

图 3-5　执行器的结构

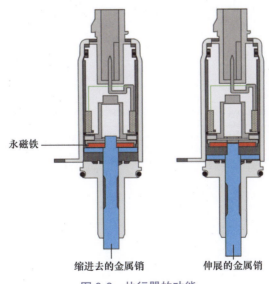

图 3-6　执行器的功能

三、不同情况下凸轮轴的位置

1. 在较低发动机转速范围下的凸轮轴位置

如图 3-8 所示,为了使这个负载范围内的气体交换性能更佳,发动机管理系统通过凸轮轴调节器将进气凸轮轴提前、将排气凸轮轴延迟。气门升程切换至更小的排气凸轮轮廓,同时右侧执行器移动金属销。它接合滑动槽,并将凸轮件移至小凸轮轮廓。

如图 3-9 所示,气门现在沿着较小的气门轮廓上下移动。两个小凸轮的位置在某种程度上是交错的,确保气缸两个排气门的开启时间是错开的。这两项措施会导致在排气被从活塞中排到涡轮增压器中时,气流脉动减小,从而可在低转速范围达到较高的增压压力。

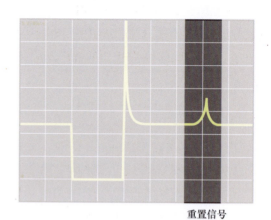

图 3-7 执行器的重置信号

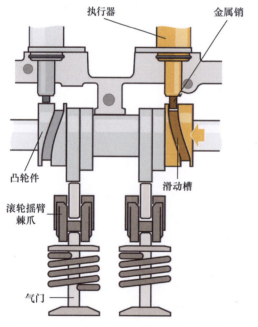

图 3-8 在较低发动机转速范围下的凸轮轴位置

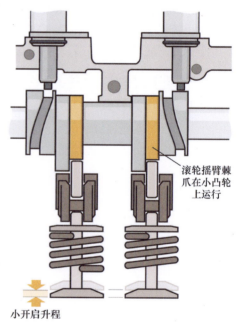

图 3-9 小的开启升程

2. 部分负载和全负载下的凸轮轴位置

如图 3-10 所示,车辆加速时,从部分负荷改变为全负荷,气缸内的气体交换必须适应更高的性能需求。

发动机管理系统通过凸轮轴调节器将进气凸轮轴提前、将排气凸轮轴延迟。为达到最佳的气缸填充性能,排气门需要最大的气门升程。为了实现此目的,左执行器被起动,由左执行器移动其金属销。

如图 3-11 所示,金属销通过滑动槽将凸轮件移向大凸轮。排气门现在以最小的升程打开和关闭。凸轮件也通过凸轮轴中的弹簧加载式球体被固定在此位置。最终的控制诊断不适用于这些执行器。

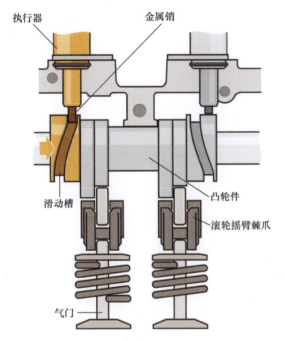

图 3-10 部分负荷和全负荷下的凸轮轴位置

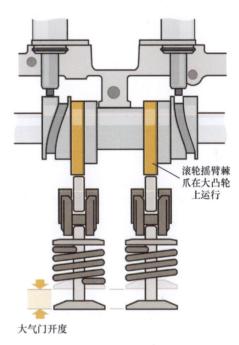

图 3-11 大气门开度的情况

四、执行器发生故障的影响

如果一个执行器发生故障,则无法再执行气门升程切换功能。在这种情况下,发动机管理系统会尝试将所有气缸切换为最近成功的一次气门升程切换。如果不成功,则所有气缸会切换至更小的气门升程位置。发动机转速限制在 4000r/min 以下,故障存储器中会存储故障。

当 EPC 警告灯亮起,如果可切换到较大的气门升程位置,故障存储器中也会存储故障。在这种情况下,不限制发动机转速,且 EPC 灯不亮起。

第二节　可变气门正时控制

一方面，驾驶人要求更大的功率和转矩；另一方面，又不能对燃油经济性和日益严格的排放法规视而不见。就气门正时而言，它意味着根据发动机的转速和负荷对进气和排气凸轮轴进行调整是必不可少的。因此，调整系统的技术结构以及调整方式正在被不断地改进。发动机可变气门正时控制系统如图3-12所示，可变气门正时控制电路如图3-13所示。

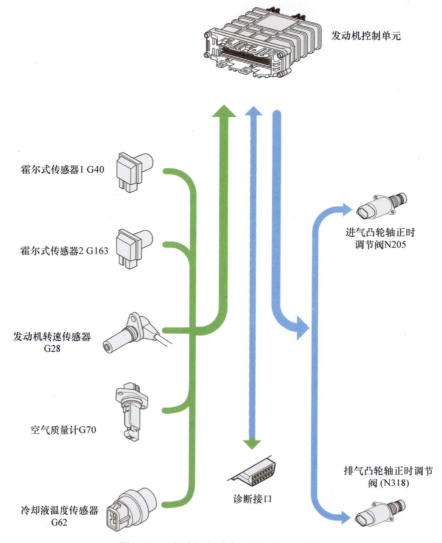

图 3-12　发动机可变气门正时控制系统

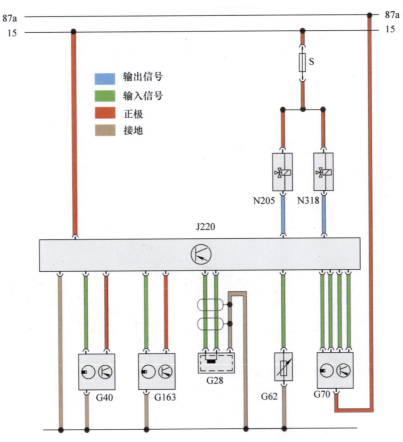

图 3-13 可变气门正时控制电路

G28—发动机转速传感器　G40—霍尔式传感器 1　G62—冷却液温度传感器　G163—霍尔式传感器 2
J220—发动机控制单元　N205—进气凸轮轴正时调节阀　N318—排气凸轮轴正时调节阀

一、可变气门正时的结构

可变气门正时系统的部件包括两个叶片调节器、控制外壳和两个电磁阀。

1. 两个叶片调节器

如图 3-14 所示,调节进气凸轮轴的叶片调节器被直接安装在进气凸轮轴上。它根据发动机控制单元的信号调节进气凸轮轴。调节排气凸轮轴的叶片调节器被直接安装在排气凸轮轴上。它根据发动机控制单元的信号调节排气凸轮轴。两个叶片调节器都是由液压操控的,并且通过控制外壳与发动机的润滑系统连接。

2. 控制外壳

如图 3-15 所示,控制外壳被安装在缸盖上。通向两个叶片调节器的机油通道都位于控制外壳内。

3. 两个电磁阀

如图 3-15 所示，控制外壳内安装有两个电磁阀。它们根据发动机控制单元的信号将机油压力传导至叶片调节器。进气凸轮轴正时调节阀 1（N205）控制进气凸轮轴；排气凸轮轴正时调节阀 1（N318）控制排气凸轮轴。

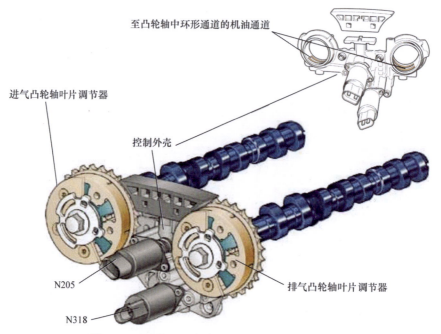

图 3-14　V5 和 V6 发动机上可变气门正时的布置

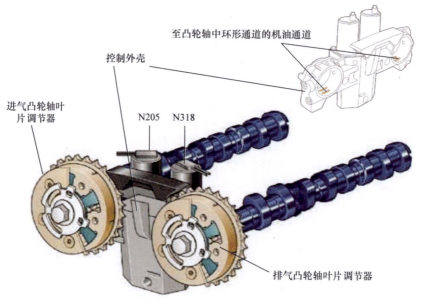

图 3-15　W8 和 W12 发动机上一个缸盖的可变气门正时系统的布置

二、可变气门正时的功能

如图 3-16 所示,对可变正时气门的控制是通过发动机控制单元实现的。要调节凸轮轴,需要具有发动机转速、发动机负荷和发动机温度以及曲轴和凸轮轴位置的信息。要调节凸轮轴,发动机控制单元驱动电磁阀 N205 和 N318。

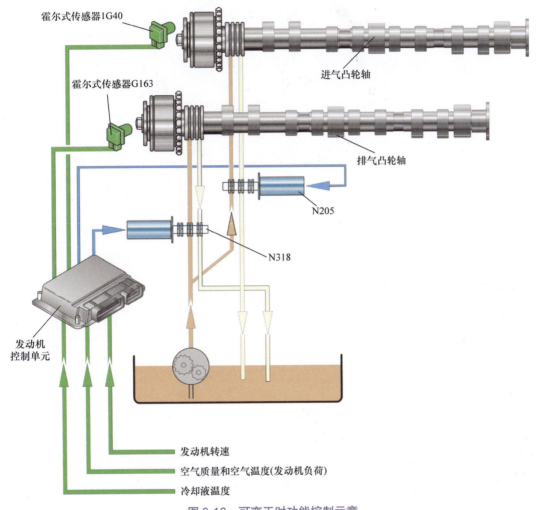

图 3-16 可变正时功能控制示意

控制系统打开控制外壳中的机油通道。这样机油就流经控制外壳和凸轮轴,然后流入叶片调节器。叶片调节器旋转并且根据发动机控制单元的要求调节凸轮轴。

1. 进气凸轮轴的调节

在整个发动机转速范围内,进气凸轮轴都由发动机控制单元调节。最大调节值为 52° 曲轴转角。调节取决于存储在发动机控制单元中的调节曲线图。

2. 进气凸轮轴叶片调节器的结构

如图 3-17 所示，调节机械装置包含带外转子的外壳（直接与正时链条连接）和内转子（直接与凸轮轴连接）等部件。

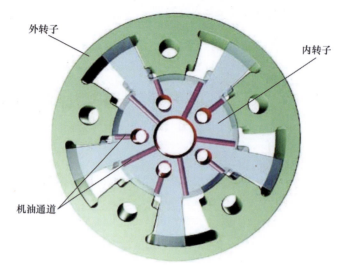

图 3-17　叶片调节器

三、进气凸轮轴

1. 调节凸轮轴提前的工作原理

就排气再循环和增加转矩而言，进气凸轮轴被设置成"进气门在上止点之前打开"的位置上。要改变位置，发动机控制单元驱动进气凸轮轴正时调节阀 1（N205）。

如图 3-18 所示，当气门被驱动时，它就使得控制活塞运动。在控制外壳中，正时提前的机油通道根据调节的程度被打开。结果，处于压力状态下的机油就流经控制外壳流入凸轮轴的环形通道中。

之后，机油就经凸轮轴表面的 5 个钻孔流入叶片调节器的 5 个提前储油室中。在这里，机油推动内转子的叶片。内转子作相对于外转子（和曲轴）的旋转，并与凸轮轴一起旋转，凸轮轴沿着曲轴旋转的方向继续旋转并且使得进气门较早打开。如果可变气门正时的功能发生故障，机油压力会将叶片调节器压至上止点之后的 25° 这一基本位置。

2. 调节凸轮轴滞后的工作原理

当发动机怠速或需要发动机具有很大的输出功率时，进气凸轮轴就会旋转从而使得进气门较迟地打开，即在上止点后打开。要使得进气凸轮轴滞后，发动机控制单元驱动进气凸轮轴正时调节阀 1（N205）。

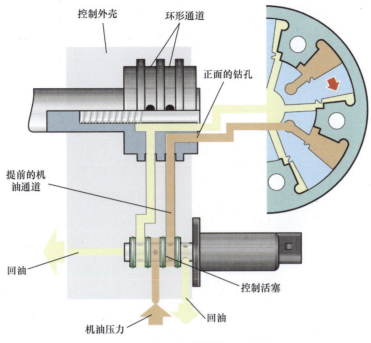

图 3-18　调节凸轮轴提前的工作原理

如图 3-19 所示，电磁阀通过运动控制活塞的方式打开正时滞后的通道。机油流经控制外壳并流入凸轮轴的环形通道中。机油通过凸轮轴中的钻孔流入凸轮轴调节器固定螺栓的袋式钻孔中，机油流经凸轮轴调节器的 5 个钻孔后流入内转子叶片背后的正时滞后储油室中。机油沿着凸轮轴旋转方向推动内转子和凸轮轴，从而使得气门较迟打开。

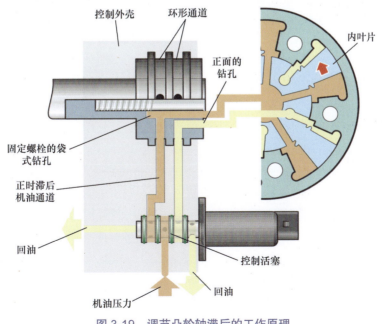

图 3-19　调节凸轮轴滞后的工作原理

同时，正时滞后的机油通道打开，控制活塞打开正时提前通道的回油通道并释放其中的压力。沿着滞后方向的旋转对正时提前储油室施加压力并将正时提前储油室中的机油压出去。

3. 调节的工作原理

调节使得进气凸轮轴在提前和滞后之间连续不断地变化，其中调节的最大值为52°曲轴转角。以霍尔式传感器信号为基础，发动机控制单元检测进气凸轮轴的瞬时位置。之后，就能够根据存储在发动机控制单元中的曲线图来对凸轮轴进行调节。

如图3-20所示，当被发动机控制单元驱动时，例如需要正时提前时，进气凸轮轴正时调节阀1（N205）就将控制活塞沿正时提前方向推。机油压力经控制外壳作用于凸轮轴调节器上，然后将凸轮轴压向"提前"位置。将控制活塞压向"提前"方向会自动打开正时滞后方向的机油回油通道，当调节至想达到的角度时，进气凸轮轴正时调节阀1（N205）就将控制活塞推至一个能使调节器的两个储油室压力保持恒定的位置。如果要将正时向滞后方向调节，则流程与之相反。

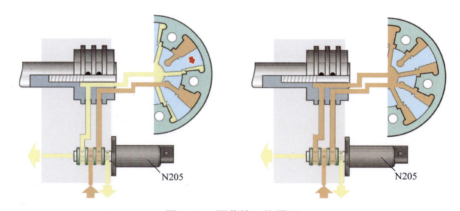

图3-20 调节的工作原理

四、排气凸轮轴

1. 凸轮轴的调节

如图3-21所示，对于排气凸轮轴，控制单元只能将调节器设置在基本位置或怠速位置上。调节的最大角度为曲轴转角22°。排气凸轮轴的叶片调节器与进气凸轮轴的叶片调节器在结构上是完全相同的。但是内转子的宽度较大，因为最大调节值为22°曲轴转角。

2. 基本位置的工作原理

当发动机起动时和发动机的转速高于怠速时，排气凸轮轴处在基本位置上。之后，排气凸轮轴正好在上止点之前关闭。在功率输出、转矩和排气再循环操作模式中，排气凸轮轴处于此位置。排气凸轮轴正时调节阀1（N318）不动作。

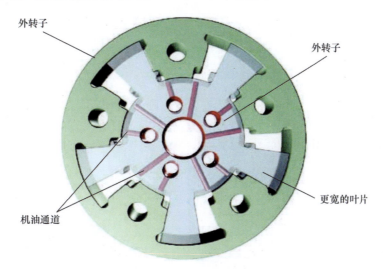

图3-21 排气凸轮轴的调节

如图3-22所示，在基本位置上，排气凸轮轴位置使得排气门恰好在上止点之前关闭。这时，发动机控制单元不驱动排气凸轮轴正时调节阀1（N318）。在此位置上，正时滞后的机油通道处于打开状态。机油压力通过机油油道抵达排气凸轮轴的环形通道。机油流经凸轮轴的正面钻孔后流入凸轮轴调节器的机油储油室中，机油推动内转子的叶片。叶片旋转至停止位，同时使凸轮轴与它一起旋转。只要电磁阀不动作，凸轮轴就保持在此位置。

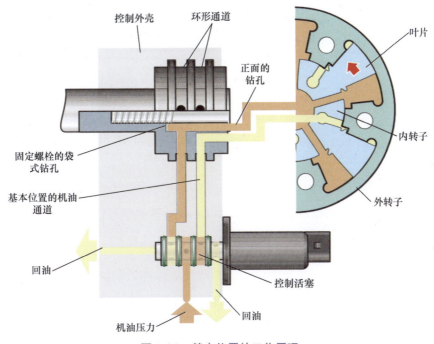

图3-22 基本位置的工作原理

3. 怠速位置的工作原理

发动机在怠速和转速约为 1200r/min 时，排气凸轮轴会被设置在"提前"位置上。如图 3-23 所示，排气凸轮轴正时调节阀 1（N318）由发动机控制单元驱动。它推动控制活塞并打开控制外壳中的另一条机油通道，机油流入凸轮轴中的另一个环形通道中并通过凸轮轴上的钻孔流入凸轮轴调节器中，机油推动内转子的叶片。

叶片以及凸轮轴被沿着发动机的旋转方向按压，从而使得排气门较早地打开和关闭。储油室中叶片前部的机油流经凸轮轴调节器的钻孔、固定螺栓的袋式钻孔和凸轮轴的环形通道后流回电磁阀。在电磁阀中，机油流经回油通道后流入控制盒的罩盖中。

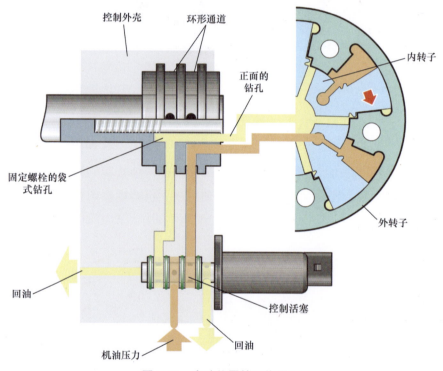

图 3-23 怠速位置的工作原理

五、机油循环系统

可变气门正时系统在机油压力为 0.7bar 及以上时开始工作。

1. 有压力时的机油回路

如图 3-24 所示，由机油泵产生的机油压力经气缸体流入气缸盖，然后从气缸盖经机油滤清器流入凸轮轴调节器的控制外壳中。机油压力通过机油通道后到达凸轮轴的环形通道并通过凸轮轴上的正面钻孔流入凸轮轴调节器中。

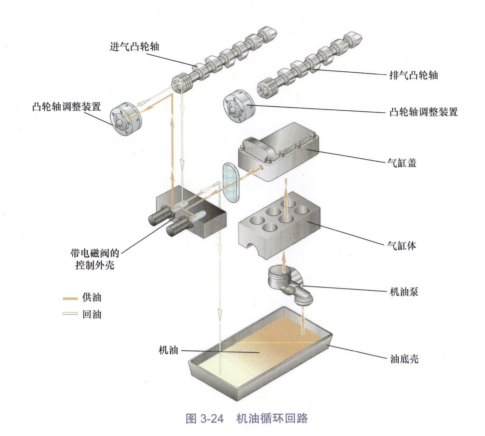

图 3-24　机油循环回路

2. 无压力时的机油回路

无压力的机油从凸轮轴调节器的储油室中流经凸轮轴的环形通道后流回控制外壳中。机油流经控制外壳后返回至电磁阀。在电磁阀中，机油流经正时链条盖罩后返回至油底壳。至排气凸轮轴的机油回路与进气凸轮轴的机油回路完全相同。

六、发动机控制单元

这里执行元件和传感器仅适用于安装了一根排气凸轮轴和一根进气凸轮轴的发动机。当然，如果发动机中安装一根以上的排气凸轮轴和一根以上的进气凸轮轴，则在每一根凸轮轴上都需要有一个霍尔式传感器和一个凸轮轴调节阀。

1. 发动机控制单元作用

发动机控制单元（图 3-25）负责控制凸轮轴调节。为此，发动机控制单元存有进气凸轮轴和排气凸轮轴调节的特性曲线图。不同的发动机操作模式分别有相应的调节凸轮轴的特性曲线图。

发动机控制单元将发动机转矩作为基本数据，控制单元对它进行计算后执行所有其他的发动机管理措施。转矩这一基本数据是直接在发动机控制单元内进行计算的。控制单元使用来自空气质量计和发动机转速传感器的信号计算转矩。

2. 系统的学习能力

如图 3-26 所示，可变气门正时系统是可匹配的，因此可以补偿部件和装配的误差以及发动机使用过程中发生的磨损。

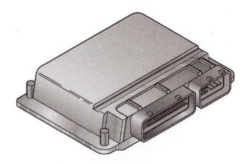

图 3-25　发动机控制单元

当发动机处于怠速状态和冷却液温度高于 60℃时，发动机控制单元会自动执行匹配程序。在怠速匹配过程中，发动机控制单元使用发动机转速传感器和霍尔式传感器的产生的信号来检查进气凸轮轴和排气凸轮轴的怠速设置。如果实际值偏离存储在控制单元中的额定值，那么在下一次凸轮轴调整时，系统会根据额定值对凸轮轴进行相应的调整。

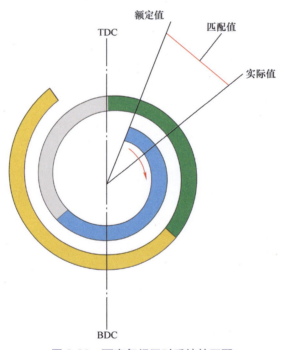

图 3-26　可变气门正时系统的匹配

七、传感器与执行器

1. 空气质量计 G70

空气质量计 G70（图 3-27）位于发动机的进气管道中。发动机控制单元使用空气质量计的信号来计算容积效率。以容积效率、氧传感器数值和点火正时数据为基础，发动机控制单元计算出转矩数值。

（1）信号的使用 在可变气门正时系统中，信号被用来根据负载状况对凸轮轴进行调节。

（2）信号失灵产生的影响 如果空气质量计发生故障，发动机控制单元制造一个替代信号。凸轮轴按照给出的操作条件继续进行工作。

2. 发动机转速传感器 G28

发动机转速传感器 G28（图 3-28）位于曲轴箱内。它以电磁方式探测曲轴上传感器转子的齿（60 减 2）。发动机控制单元利用此信号来探测发动机转速和曲轴上止点的位置。但是要调节凸轮轴，发动机控制单元必须知道曲轴的准确位置。要准确地探测出曲轴的位置，发动机控制单元使用来自传感器转子上每一个齿的信号。传感器转子上的缺口起着判断零点（上止点）的作用，传感器转子上每一个齿代表 6° 曲轴转角。

例如，1 个齿 = 6° 曲轴转角，6° 曲轴转角 × 60 个齿 = 360° 曲轴转角；相当于曲轴旋转一圈。两个齿（探测上止点）的缺口相当于 12° 曲轴转角。

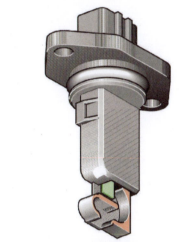

图 3-27 空气质量计 G70

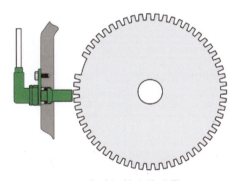

图 3-28 发动机转速传感器 G28

（1）信号的使用 在可变气门正时系统中，信号被用来根据发动机转速对凸轮轴进行调节。

（2）信号失灵产生的影响 如果信号发生故障，发动机停止运转并且不能再次起动。

3. 霍尔式传感器 1 G40 和霍尔式传感器 2 G163

如图 3-29 所示，两个霍尔式传感器都位于正时链条罩盖中。其作用是将进气凸轮轴和排气凸轮轴的位置信息传递给发动机控制单元。它们通过读取位于相应凸轮轴上快速传感器转子的信号传递信息。发动机控制单元通过霍尔式传感器 1 G40 检测进气凸轮轴的位置；发动机控制单元通过霍尔式传感器 2 G163 检测排气凸轮轴的位置。

发动机控制单元利用发动机转速传感器的信号来探测曲轴的位置。与来自凸轮轴的信号配合，发动机控制单元计算出凸轮轴相对于曲轴的位置。控制单元需要使用这些位置来对凸轮轴进行精确的调节并快速地起动发动机。

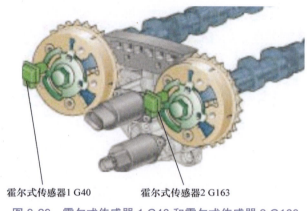

图 3-29　霍尔式传感器 1 G40 和霍尔式传感器 2 G163

4. 冷却液温度传感器 G62

冷却液温度传感器 G62（图 3-30）位于节温器壳体内。它向发动机控制单元传送当前发动机温度的信息。

（1）信号的使用　此传感器信号被用来根据温度状况起动对凸轮轴的调节。

（2）信号失灵产生的影响　如果信号发生故障，控制单元用存储的温度作为替代值。

5. 进气凸轮轴正时调节阀 N205 和排气凸轮轴正时调节阀 N318

如图 3-31 所示，两个调节阀都集成在凸轮轴调节控制外壳内。其作用是根据来自控制单元的额定值将机油压力按照调节的方向和距离导向凸轮轴调节器。要调节凸轮轴，控制单元通过一个可变的占空比（接通 – 断开率）驱动气门。进气凸轮轴正时调节阀 N205 调节进气凸轮轴；排气凸轮轴正时调节阀 N318 调节排气凸轮轴。

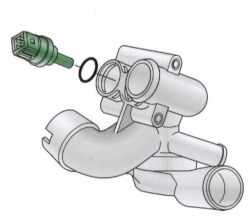

图 3-30　冷却液温度传感器 G62

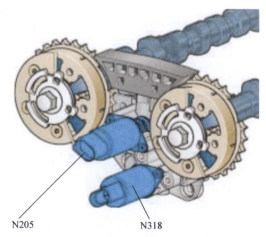

图 3-31　进气凸轮轴正时调节阀 N205 和排气凸轮轴正时调节阀 N318

八、通过自诊断检测部件

可以通过自诊断对可变气门正时的部件进行检测。要对可变气门正时部件进行诊断，使用最新的维修手册和车辆诊断测试仪 VAS 5051。可以用自诊断和引导型故障查询对用颜色标识的传感器和执行元件进行检测。

1. 霍尔式传感器的检测

如果仅一个霍尔式传感器发生故障，就不能对凸轮轴进行调节。但是，发动机仍能继续运转并且在熄火后仍能重新起动。如果两个霍尔式传感器发生故障，发动机仍能继续运转直至发动机熄火。发动机熄火后，不能重新起动。

当然，如果安装了一根以上的排气凸轮轴和进气凸轮轴，则在每一根凸轮轴上都需要有一个霍尔式传感器。

2. 凸轮轴正时调节阀的检测

如果至凸轮轴正时调节器的导线发生故障或一个凸轮轴正时调节器发生故障，可变正时调节功能失效。如果发动机中安装了一根以上的排气凸轮轴和一根以上的进气凸轮轴，则在每一根凸轮轴上都需要有一个正时调节阀。

第三节　可变进气歧管和二次空气系统

一、可变进气歧管

1. 进气模块

如图 3-32 所示，奥迪汽车采用可变进气歧管来提高转矩，首次采用了三级可变式进气歧管，该管由镁合金压铸而成。如图 3-33 所示，可变进气歧管主要由四个壳体部件组成，它们通过粘接和螺栓联接固定在一起。

这种结构采用两个切换翻板就可实现三种不同的进气歧管长度（振荡管长度）。为了优化振荡的使用情况，切换翻板采用环形硫化密封唇口来密封振荡管开口。

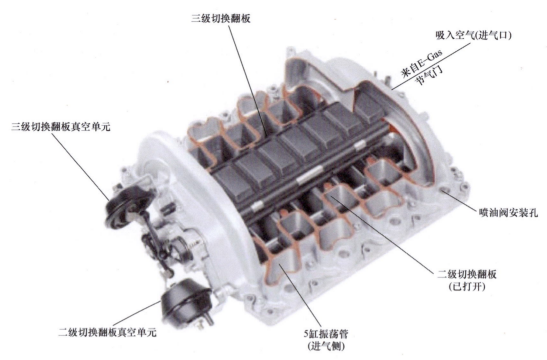

图 3-32　进气模块的结构

图 3-33　进气模块的分解图

> **注意**
> 切勿解体可变进气歧管，必要时应整体更换该管。

（1）第一级转速较低　如图 3-34 所示，在发动机不转时，这两个翻板都处于打开状态。如果发动机怠速运转，那么这两个真空单元就被相应的进气歧管转换电磁阀抽成真空了。于是在怠速转速到切换转速之间时，这两个翻板都是关闭的。

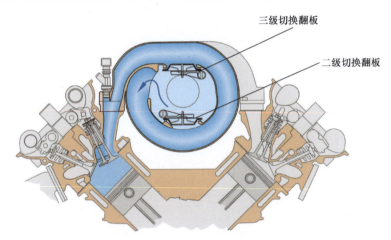

图 3-34　第一级转速较低进气示意

（2）第二级中等转速　如图 3-35 所示，在中等转速范围时，进气歧管转换电磁阀 N156 将大气压力引入到二级翻板真空单元内。于是二级翻板打开，进气歧管长度就变短了。

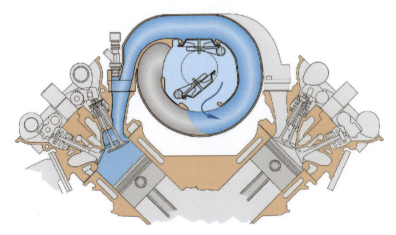

图 3-35　第二级中等转速进气示意

（3）第三级较高转速　如图 3-36 所示，在转速较高时，三级切换翻板也打开，吸入的空气经最短的路径进入燃烧室。

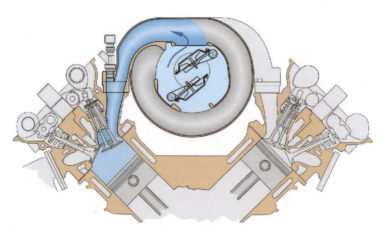

图 3-36 第三级较高转速进气示意

2. 可变进气歧管对转矩的影响

由于在整个转速范围内的最大转矩主要取决于进气歧管长度及其截面积,所以新型的三级可变进气歧管能在整个转速范围内产生接近最佳化的转矩特性曲线。根据发动机转速的不同,转速不同时分别使用不同的"振荡管"长度。

图 3-37 所示为进气歧管长度/截面积与发动机转速的关系,以及三级可变进气歧管所实现的转矩特性曲线。

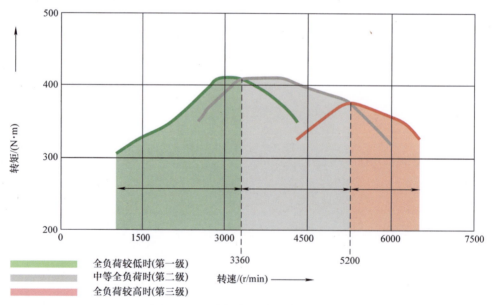

图 3-37 可变进气歧管对转矩的影响

如图 3-38 所示,用于控制可变进气歧管和二次空气系统的真空由两个真空储存罐来供应。进气歧管内的真空由单向阀来排空。

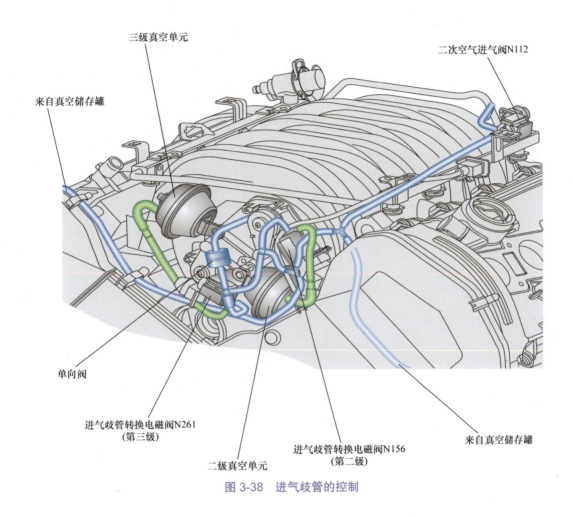

图 3-38 进气歧管的控制

二、二次空气系统

由于在冷起动及预热阶段混合气浓度较高,所以在这段时间内,废气中未燃烧的碳氢化合物成分占比较高。在发动机工作过程中,由于未达到三元催化转化器的正常工作温度,以及氧传感器的混合气状态信息等方面的原因,三元催化转化器无法处理过多的碳氢化合物。

如图 3-39 所示,如果将空气送至排气门的后部,就可以增加废气中氧气的浓度,于是 HC 和 CO 就会再次氧化(再次燃烧)。这个燃烧过程又帮助加热了三元催化转化器,使得三元催化转化器更快地达到工作温度。如图 3-40 所示,二次空气系统主要由二次空气泵 V101、两个组合阀 A + B 以及二次空气进气阀 N112 等部件组成。

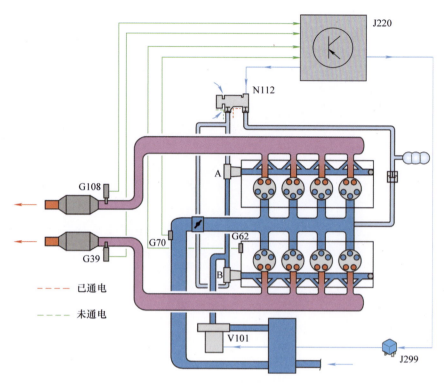

图 3-39 二次空气系统控制机理

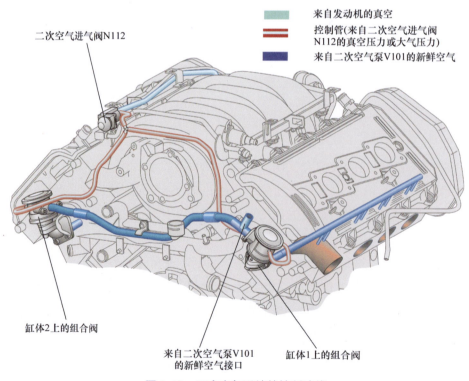

图 3-40 二次空气系统的控制路线

第三章　进排气系统执行器控制

1. 二次空气进气阀 N112

如图 3-41 所示，二次空气进气阀是一种电控气动阀，该阀由多点喷射（Motronic）控制单元来接通，用于控制组合阀。要想打开组合阀，必须得释放出真空储存罐内的真空压力，而关闭该阀必须得释放出大气压力。

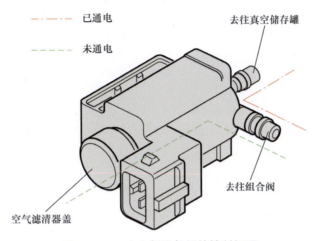

图 3-41　二次空气进气阀的控制机理

2. 组合阀

如图 3-42 所示，组合阀用螺栓拧在缸盖的二次空气进气道内。由于来自二次空气进气阀的真空力的作用，从二次空气泵到缸盖的二次空气道之间的空气通路就被打开了。同时，组合阀还能防止热的废气进入并损坏二次空气泵。

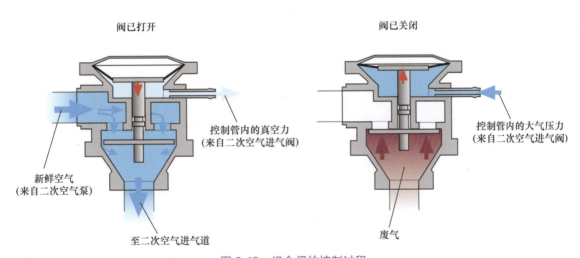

图 3-42　组合阀的控制过程

3. 二次空气泵 V101

如图 3-43 所示，Motronic 控制单元起动二次空气泵继电器 J299 来给二次空气泵 V101 的电动机供电，将要混入废气中的新鲜空气由二次空气泵从空气滤清器箱体内抽入并由组合阀放出。

奥迪 A8 中的二次空气泵本身就配有自己的空气滤清器，二次空气泵与发动机空气滤清器壳体集成在一起并抽入未经过滤的空气。二次空气系统在冷却液温度为 0~55℃ 之间时才工作。二次空气泵继电器 J299 和二次空气阀 N112 是同时起动的。

如图 3-44 所示，当电动机抽入一定量的空气后（这个信息由空气流量计提供），该系统就被关闭了。在以怠速转速运行时，这种情况发生在约 60~90s 后。奥迪 A6 中的二次空气泵没有空气滤清器，该泵固定在纵梁上，它从空气滤清器箱体中抽入已经过滤的空气。

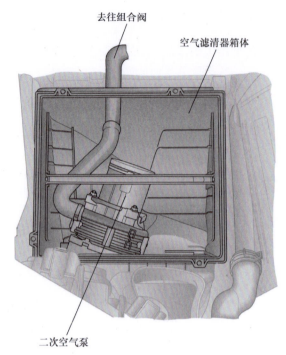

图 3-43 二次空气泵的安装位置

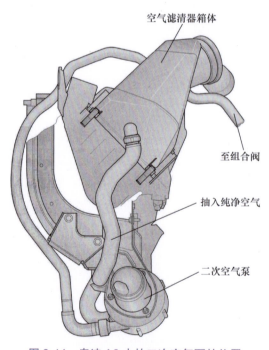

图 3-44 奥迪 A6 中的二次空气泵的位置

第四节 进排气系统的执行器

一、凸轮轴调节阀

凸轮轴调节阀 1 N205 和凸轮轴调节阀 2 N208 通过螺栓安装于气缸盖上。如图 3-45 所示，凸轮轴调节阀 1（N205）位于气缸列 1 上，如图 3-46 所示，凸轮轴调节阀 2（N208）位于气缸列 2 上。

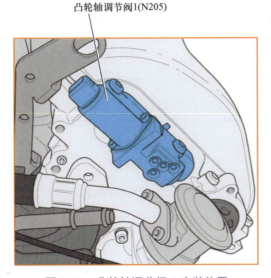

图 3-45　凸轮轴调节阀 1 安装位置

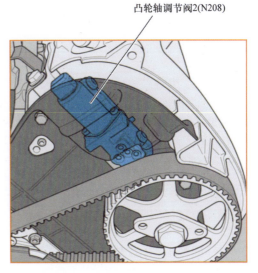

图 3-46　凸轮轴调节阀 2 安装位置

1. 任务

它们的任务是根据发动机控制单元指令调节进气凸轮轴，将进气凸轮轴的曲轴角度向"提前"方向调节 22°。

2. 失灵造成的影响

如果凸轮轴调节器的电线损坏或凸轮轴调节器失灵，则无法再进行凸轮轴调节，此时提供的转矩很小。

二、调节式进气管切换阀

如图 3-47 所示，调节式进气管切换阀固定于进气管上同步带一侧。

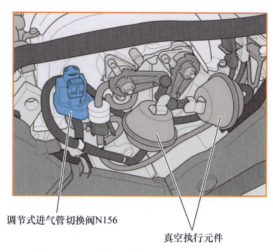

调节式进气管切换阀N156　　真空执行元件

图 3-47　调节式进气管切换阀安装位置

1. 作用

它是一个电磁阀，由发动机控制单元根据负荷和转速控制。它的作用是开放或封闭从真空罐到真空执行元件之间的通道，执行元件接着操纵进气管切换阀，从而切换至转矩调节系统或功率调节系统。

2. 失灵造成的影响

如果调节式进气管切换阀失灵，则无法再进行进气管切换。进气管保持在功率调节系统，因此提供的转矩很小。

三、增压压力限制电磁阀

1. 作用与安装位置

如图 3-48 所示，增压压力限制电磁阀 N75 位于发动机舱内，靠近增压器增压腔处。它的作用是向增压器真空单元提供用于导向叶片的真空。

2. 信号故障的影响

无电流供给时，阀门将真空单元与真空系统隔开。真空单元中的弹簧移动调节机构连接杆，使增压器导片位于紧急运行位置。在发动机低速运转的情况下，只有一个较低的增压压力，因此也只有一个较低的排气压力。增压压力限制电磁阀的控制过程如图 3-49 所示。

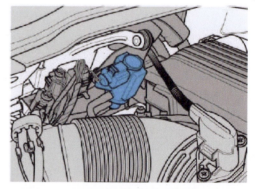

图 3-48　增压压力限制电磁阀安装位置

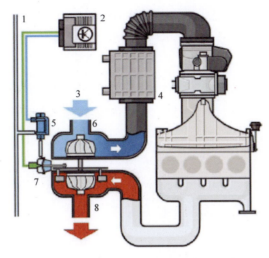

图 3-49 增压压力限制电磁阀的控制过程

1—真空系统 2—发动机控制单元 J623 3—进气 4—增压空气冷却器 5—增压压力限制电磁阀 N75
6—压缩机 7—带增压压力调节位置传感器 G581 的真空单元 8—带可调整式导向叶片的废气涡轮

四、排气再循环阀

1. 排气再循环阀 N18 控制过程

如图 3-50 所示，125kW TDI 发动机装备了新的电控排气再循环阀，排气再循环阀的安装位置如图 3-51 所示，其直接安装在进气歧管的进口处。排气再循环阀装备有一个与排气冷却器相连接的排气供给管路法兰。阀片由电动机（排气再循环阀 N18）控制，能开启或关闭通往排气供给管路的通道。阀片的升程可通过蜗轮蜗杆传动装置任意调节。

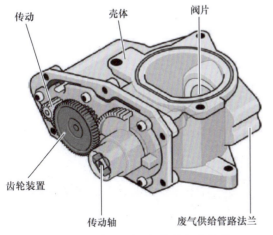

图 3-50 排气再循环阀相关部分结构

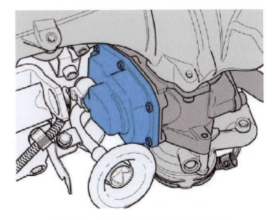

图 3-51 排气再循环阀的安装位置

这样可对吸入的排气量进行控制。风门的位置通过集成的无触点式传感器（排气再循环电位计 G212）检测。复位弹簧能确保在排气循环阀发生故障的情况下将气门关闭。发动机控制单元通过特性曲线图驱动阀片，并能根据运行状态确定排气流入可变进气歧管的流量。

该阀为一个电控机构，通过齿轮驱动来控制排气再循环阀片的升程运动，并由发动机控制单元通过一个模拟信号进行激活控制。排气再循环阀的控制原理如图 3-52 所示。

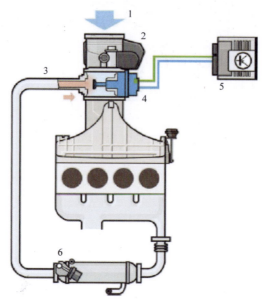

图 3-52 排气再循环阀的控制原理

1—进气　2—进气歧管风门　3—排气供给管路　4—带有排气再循环电位计（G212）的排气再循环阀（N18）
5—发动机控制单元 J623　6—排气冷却器

2. 信号故障的影响

排气再循环阀无电流供给时，阀门由回位弹簧拉至紧急运行位置（关闭位置）。该位置情况下，排气再循环系统被关闭。

五、排气再循环冷却器转换阀

1. 作用

如图 3-53 所示，排气再循环冷却器转换阀 N345 安装于涡轮增压器旁。用于向排气冷却器真空单元提供开启旁通风门的真空。排气再循环冷却器转换阀控制原理如图 3-54 所示。

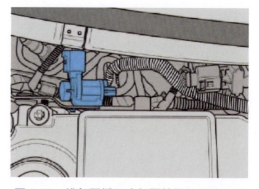

图 3-53 排气再循环冷却器转换阀安装位置

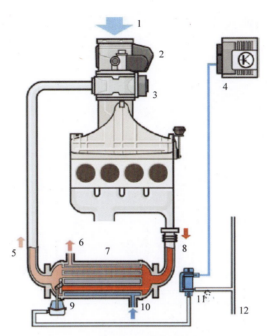

图 3-54 排气再循环冷却器转换阀控制原理

1—进气　2—进气歧管风门　3—排气再循环阀　4—发动机控制单元 J623　5—已冷却排气　6—冷却液出口
7—排气冷却器　8—热排气　9—真空单元　10—冷却液入口　11—排气再循环冷却器转换阀 N345　12—真空系统

2. 信号故障的影响

无电流供给时,阀门将真空单元与真空系统隔开。排气冷却器的旁通风门因此保持关闭,排气不能流经冷却器。

六、进气歧管风门电动机

125kW TDI 发动机装备了电控进气歧管风门,如图 3-55 所示,其安装在排气再循环阀的上游气流方向。进气歧管风门负责在调节风门的下游形成真空,以将排气吸入至进气道。无级式调节用以匹配相应的发动机转速和负载。发动机关闭时,调节风门关闭,以避免发动机关闭时产生的强烈振动。

1. 结构

进气歧管风门由壳体、调节风门和带有检

图 3-55 进气歧管风门电动机安装位置

测风门位置的集成无触点式传感器的驱动机构组成。驱动机构则由带有轻度防腐齿轮装置的电动机(进气歧管风门电动机 V157)组成。复位弹簧确保在无电流时,调节风门拉向

"打开"位置(紧急运行位置)。在该位置上,进气气流不受阻碍。

2. 功能

如图 3-56 所示,进气歧管风门电动机由发动机控制单元通过直流电压直接驱动。集成传感器(进气歧管风门位置传感器)向发动机控制单元反馈风门的实际位置。进气歧管风门包含一个由电动机驱动的调节风门。调节风门用于控制进气,且由发动机控制单元进行无级调节。进气歧管风门位置传感器集成在进气歧管风门电动机 V157 壳体内。因此,该传感器并没有列在"引导型故障查询"内。

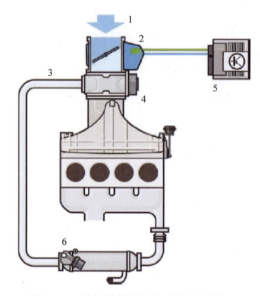

图 3-56 进气歧管风门电动机控制原理

1—进气 2—带有进气歧管风门位置传感器的进气歧管风门和进气歧管风门电动机 V157
3—排气供给管路 4—排气再循环阀 5—发动机控制单元 J623 6—排气冷却器

3. 信号故障的影响

该阀无电流供给时,阀门由回位弹簧拉至紧急运行位置(开启位置)。此位置上,进气不受调节风门的阻碍。

七、进气歧管风门气流控制阀

1. 结构

进气歧管风门气流控制阀 N316 是一个电磁阀,用于向进气歧管真空单元提供需要开启关闭涡流风门的真空。如图 3-57 所示,进气歧管风门气流控制阀安装于交流发电机的上方。它由发动机控制单元根据特性曲线图控制(图 3-58)。

图 3-57　进气歧管风门气流控制阀安装位置

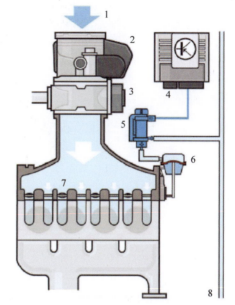

图 3-58　进气歧管风门气流控制阀控制原理

1—进气　2—进气歧管风门　3—排气再循环阀
4—发动机控制单元 J623　5—进气歧管风门气流控
制阀 N316
6—真空单元　7—带换档轴的可变进气歧管　8—真
空系统

2. 信号故障的影响

该控制阀发生故障时，无法关闭进气歧管中的涡流风门。进气歧管的涡流风门处于"开启"位置。

八、电动控制排气风门

1. 排气风门

如图 3-59 所示，排气风门集成在后部消声器内。排气风门由一个沿径向布置的带集成式减速机构和集成式电子装置的电动机进行驱动。调节式排气风门的电动执行机构带有供电（+）、接地（-）和控制导线（PWM 导线）三个电气接口。借助排气风门，在较低发动机转速和较低负荷时，可通过关闭排气风门显著降低噪声。在较高发动机转速和较高负荷时，可通过打开排气风门降低排气背压。数字式发动机电子系统（DME）以脉冲宽度调制方式控制排气风门。输入参数包括发动机转速、负荷和车速。

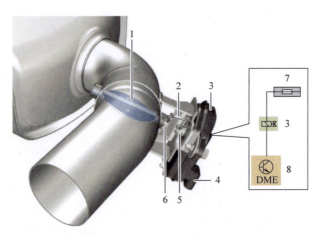

图 3-59　B58 发动机的电动控制排气风门

1—排气风门　2—弹簧　3—电动排气风门执行机构　4—电气接口（4芯）　5—传动销　6—从动销
7—右后配电盒熔丝　8—数字式发动机电子系统（DME）

2. 电动排气风门故障的影响

电动排气风门的特性参数见表 3-1，排气风门无法停在中间位置，或者完全打开或者完全关闭。通过脉冲宽度调制信号（PWM 信号）使其移动到相应机械限位位置处。识别出故障或控制失灵时以及关闭发动机后，优选位置为关闭位置。在带有运动型排气装置的车辆上，在运动模式下排气风门打开。

表 3-1　电动排气风门的特性参数

安装位置	右侧和左侧
PWM 信号"打开"	10% 占空比
PWM 信号"关闭"	90% 占空比

排气风门的准确位置存储在数字式发动机电子系统的一个特性曲线内。表 3-2 大致罗列了排气风门的不同状态。

表 3-2　排气风门的不同状态

发动机运行时刻	排气风门打开	排气风门关闭	发动机运行时刻	排气风门打开	排气风门关闭
急速运行	●		部分负荷匀速行驶		●
较低负荷		●	以较高负荷加速	●	
滑行模式		●	满负荷	●	

> **注意**
> 发动机的外部排气风门在急速运行期间关闭，因此在这些排气尾管处无法进行尾气测量。

第四章

机油系统执行器控制

第一节 机油供给系统的控制

大众 EA888 发动机机油供给系统的作用是：以两级压力调节器调节机油压力、减小可调式机油泵的比率、扩大低压段的转速范围、降低低压段的油压、使用电动切换活塞冷却喷嘴以及将机油滤清器和机油冷却器用螺栓固定到辅助装置托架上。

如图 4-1 所示，辅助装置托架上的安装部件除了机油冷却器和机油滤清器之外，机油压力开关 F22、用于降低油压的机油压力开关 F378、活塞冷却喷嘴控制阀 N522 以及用于驱动辅助装置的多楔 V 带的自动张紧轮都位于辅助装置托架上。

 注意

拆下机油压力开关 F22、F378 和 F447 之后必须将其更换。

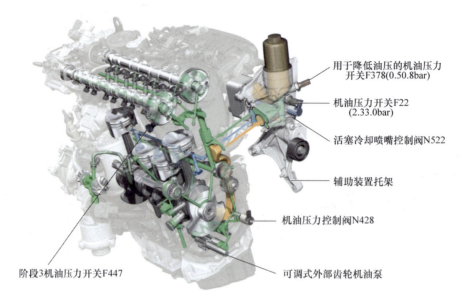

图 4-1 辅助装置托架上的相关部件

一、两段式外部齿轮机油泵

大众 EA888 2.0LTSI 发动机的机油泵驱动效率有所减小，以使泵运行得更慢，机油泵仍然通过单独的链条由曲轴驱动。如图 4-2 所示，滑动装置位于两段式外部齿轮机油泵中，从而能够让两个泵齿轮沿纵向移动，实现两段式泵动力控制。如果两个齿轮的高度完全相等，泵以最大的动力运行；如果两个齿轮一起被推动，则泵以更小的动力运行。

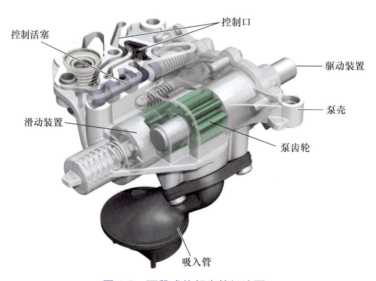

图 4-2 两段式外部齿轮机油泵

滑动装置由机油泵内的控制活塞和控制口移动。控制活塞将调节过的油液导向滑动装置的左侧或右侧，滑动装置根据油压纵向移动。控制活塞由油压控制阀 N428 驱动。由低压段切换到高压段是由发动机负荷和转速决定的。低于此限值时，泵以 1.5bar 的压力运行。当达到 4500r/min 的转速时，泵会产生 3.75bar 的油压。在高压段，发动机转速仅可达 6600r/min。

二、机油压力控制电气组件

1. 机油压力开关 F22

如图 4-3 所示，机油压力开关 F22 通过螺钉拧入机油滤清器下方的辅助装置托架。发动机管理系统通过它检查机油泵是否在高压段运行以及其他情况。

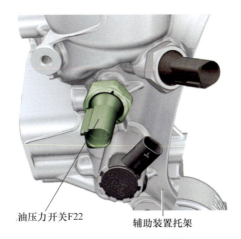

图 4-3　机油压力开关安装位置

2. 机油压力控制阀 N428

如图 4-4 所示，电磁阀通过螺栓固定到气缸体前边缘、辅助装置托架下方。电磁阀由发动机控制单元驱动，让外部齿轮机油泵在两个压力段之间来回切换。为此，机油泵的控制活塞根据切换状态通过控制口由电磁阀施加油压，通过控制活塞的位置促成压力切换。

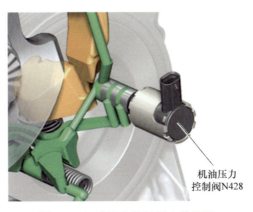

图 4-4　机油压力控制阀安装位置

三、故障造成的影响

1. 机油压力开关故障的影响

如果机油压力开关出现故障，发动机控制单元的故障存储器中会存储一条故障记录，且机油警告灯亮起。

2. 机油压力控制阀故障的影响

如果该阀出现故障，则阀将闭合，机油泵仅在高压段运行。

第二节 可切换活塞冷却喷嘴控制

如图 4-5 所示，大众 EA888 2.0L TSI 发动机配备可切换式活塞冷却喷嘴。活塞冷却喷嘴控制阀 N522 通过激活控制策略图谱驱动。当油压超过 0.9bar 时，机械电磁阀打开。控制阀和电磁阀安装在辅助装置托架内，并连接至一个控制口。

活塞冷却喷嘴的切换可发生在油路的高压段或低压段。另一个机油压力开关（阶段 3 机油压力开关 F447）检测另一条油道中的油压并监控活塞冷却的情况。机油压力开关在 0.3~0.6bar 的油压范围内关闭。

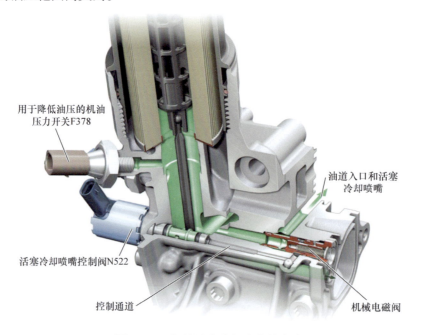

图 4-5 可切换活塞冷却喷嘴的油路

一、活塞冷却喷嘴的激活

1. 控制策略

如图 4-6 所示，通过发动机控制单元在图谱的辅助下驱动控制阀。发动机控制单元使用发动机转矩、发动机转速和机油温度来计算图谱。如果机油温度低于 50℃，活塞冷却喷嘴在 1000~6600r/min 的图谱范围内和约 30N·m 的负载下保持关闭状态。如果机油温度高于 50℃，活塞冷却喷嘴在 1000~3000r/min 的转速范围内和 30~100N·m 的负载范围下保持关闭。活塞冷却喷嘴在图谱的其他范围内保持开启状态。

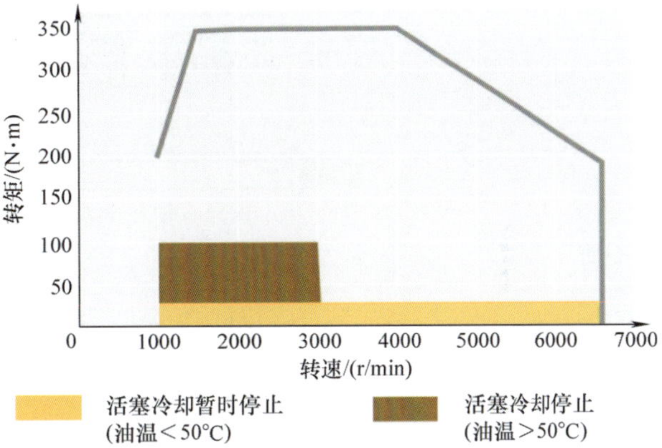

2. 活塞冷却喷嘴开启

如图 4-7 所示，在切断电流的情况下，活塞冷却喷嘴控制阀 N522 关闭。这也会使控制阀和电磁阀之间的控制口关闭。然后，电磁阀将油压仅施加在一侧上，并沿着回位弹簧移动，直到连接至活塞冷却喷嘴的通道可用。油液从电磁阀流向其他的油道，然后再流向活塞冷却喷嘴，由此激活喷嘴。基于阶段 3 机油压力开关 F447 的信号，发动机控制单元确定活塞冷却喷嘴已激活。

图 4-6 活塞冷却喷嘴的激活控制策略图谱

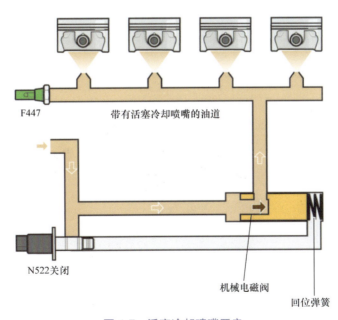

图 4-7 活塞冷却喷嘴开启

3. 活塞冷却喷嘴关闭

如图 4-8 所示，发动机控制单元驱动活塞冷却喷嘴控制阀 N522 关闭活塞冷却喷嘴。在切换状态中，活塞冷却喷嘴控制阀 N522 打开电磁阀的控制口。电磁阀现在受到来自两侧施加的油压。回位弹簧的力变大，电磁阀被推回。油道连接管中的油液流动被中断，活塞冷却喷嘴关闭。基于阶段 3 机油压力开关 F447 的信号，发动机控制单元确定活塞冷却喷嘴已激活。

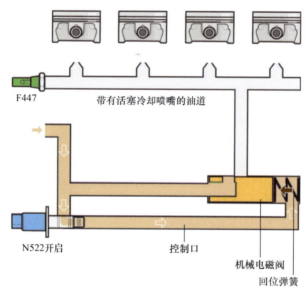

图 4-8　活塞冷却喷嘴关闭

二、活塞冷却相关的电气组件

1. 阶段 3 机油压力开关 F447

如图 4-9 所示，阶段 3 机油压力开关 F447 通过螺钉被拧入位于进气歧管下方的块状物中。

图 4-9　阶段 3 机油压力开关 F447

（1）信号的用途和任务　机油压力开关监控油道内的机油压力。机油压力由活塞冷却喷嘴提供。在阶段3机油压力开关F447的辅助下，发动机管理系统可确定活塞冷却喷嘴的故障，例如虽然活塞冷却已激活，但仍缺乏油压，或者虽然活塞冷却停止，但仍存在油压。

（2）故障的影响　可在机油压力开关上执行诊断。如果传感器信号发生故障，会保持进行活塞冷却。

2. 用于降低油压的机油压力开关F378

如图4-10所示，机油压力开关通过螺钉拧入机油滤清器下方的辅助装置托架。

（1）信号的用途和任务　通过用于降低油压的机油压力开关，发动机管理系统会监控两段式外部齿轮机油泵的压力控制情况。

（2）故障的影响　如果没有来自用于降低油压的机油压力开关F378的信号，则无法进行两段式油压控制。如果机油压力开关出现故障，故障存储器中会存储一条故障记录，且机油警告灯亮起，然后机油泵仅在高压段下运行。

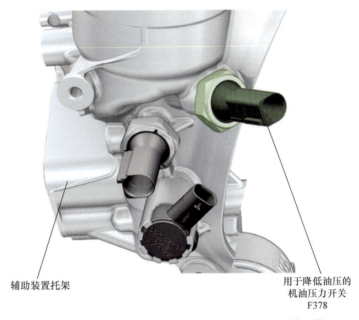

辅助装置托架

用于降低油压的机油压力开关F378

图4-10　用于降低油压的机油压力开关F378安装位置

三、对活塞冷却喷嘴的功能检测

通过诊断阶段3机油压力开关F447和活塞冷却喷嘴控制阀N522，可监控到活塞冷却喷嘴是否正常工作以及活塞冷却是否充分。

一般会发现以下故障：在需要机油压力的情况下，活塞冷却喷嘴上没有油压，阶段3机油压力开关F447出现故障，在活塞冷却喷嘴关闭的情况下仍有机油压力，断开连接说明活塞冷却喷嘴一直保持开启状态，接地短路说明活塞冷却喷嘴关闭，接正极短路说明活塞冷却喷嘴开启。

无活塞冷却的影响如下：

1）转矩和转速限制。

2）没有低油压段。

3）组合仪表中的 EPC 灯亮起。

4）出现发动机转速限制在 4000r/min 的信息。

第五章

冷却系统执行器控制

第一节 电子调节冷却系统

燃油燃烧时的温度可达2000℃，这对于发动机的工作是有害的，所以必须将该温度冷却到"工作温度"。使用节温器可以根据冷却液温度来调节发动机的温度。这种冷却系统的特点预热时间短以及工作温度保持恒定等。节温器是一个重大改进，通过它可实现"水管短接"。只要还没有达到发动机正常的工作温度，那么冷却液就不流经散热器，而是经过一个短通道再流回到发动机。电子节温器控制系统工作示意图如图5-1所示。电子节温器控制系统控制电路如图5-2所示。

一、电子调节式冷却系统结构

电子调节式冷却系统的作用是要能按负荷状态将发动机的工作温度调节到某个规定值。根据存储在发动机控制单元内的特性曲线，电加热的节温器和散热器风扇虽然工作级不同就能设定出最佳的工作温度。因此在发动机的各个功率和负荷状态，冷却状态均能符合实际需要。冷却液循环电子调节示意图如图5-3所示。冷却液温度与实时的发动机工作温度相匹配的好处是可以在部分负荷工况降低燃油消耗,减少未处理的 CO 和 HC 排放。

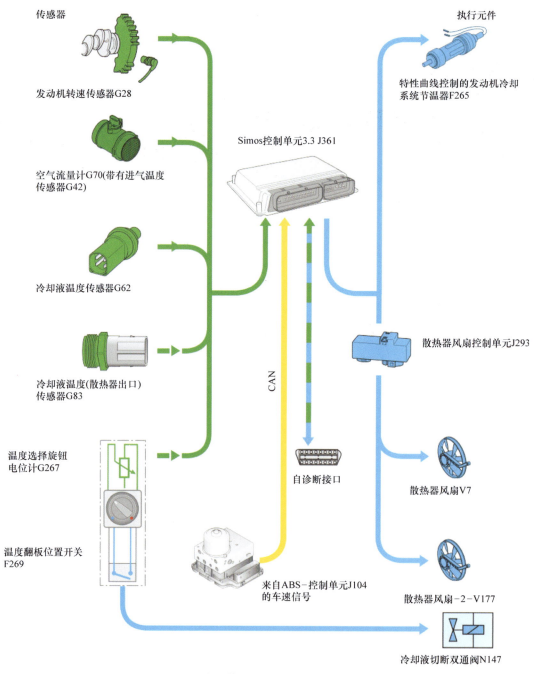

图 5-1 电子节温器控制系统工作示意图

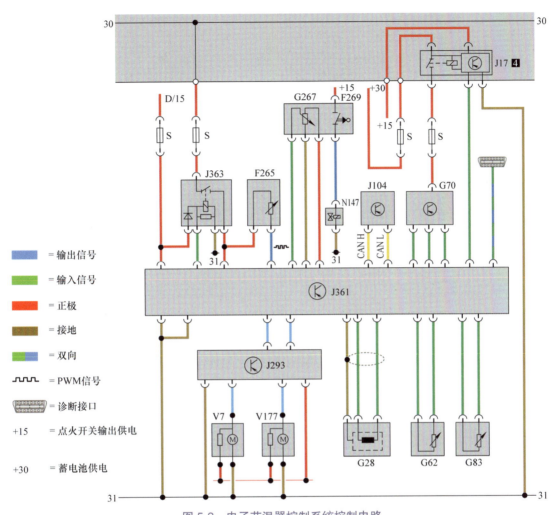

图 5-2　电子节温器控制系统控制电路

D/15—点火开关，15 号接线柱　F265—特性曲线控制的发动机冷却系统节温器
F269—温度翻板位置开关（不用于 Climatronic）　G28—发动机转速传感器　G62—冷却液温度传感器
G70—空气流量计　G83—散热器出口的冷却液温度传感器　G267—温度选择旋钮电位计（不用于 Climatronic）
J17—燃油泵继电器　J104—ABS 控制单元　J293—散热器风扇控制单元　J361—Simos 控制单元
J363—Simos 控制单元供电继电器　N147—冷却液截止双通阀　S—熔丝　V7—散热器风扇 1　V177—散热器风扇 2

与传统冷却循环相比的改动之处体现在通过极小的结构改动就可容入到冷却环路中，冷却液分配器壳体和节温器合成一体，省去了发动机缸体上的冷却液调节器（节温器），发动机控制单元内还包含有电子调节冷却系统用的特性曲线。

1. 冷却液分配器壳体

如图 5-4 所示，冷却液分配器壳体（取代了连接管）直接安装在缸盖上。应从上平面和下平面两个平面来考虑：①各个部件都是从上平面获得冷却液供应的，但给水泵供液是个例外；②冷却液分配器壳体下平面连接的是各个部件的冷却液回流管。

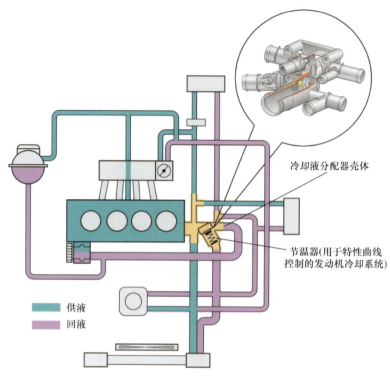

图 5-3　冷却液循环电子调节示意图

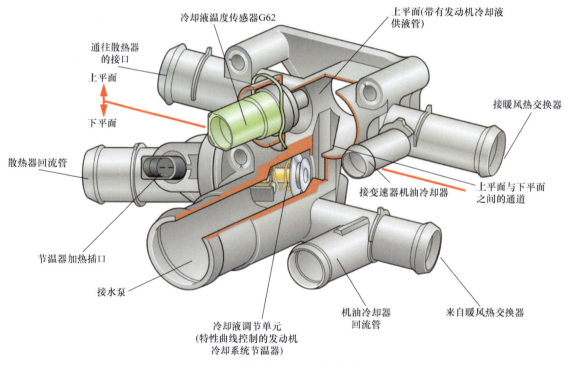

图 5-4　冷却液分配器壳体的结构

上平面和下平面之间是通过一个真立的通道相连的。节温器通过一个小阀盘来打开或关闭这个垂直通道。冷却液分配器壳体实际就是冷却液大循环和小循环分配站。

2. 冷却液调节元件

（1）部件结构　如图 5-5 所示，冷却液调节元件（特性曲线控制发动机冷却节温器）的功能部件包括膨胀式节温器（充蜡）、充蜡元件内的电阻加热器、压缩弹簧（用于机械封闭冷却液通道）、一个大阀盘和一个小阀盘。

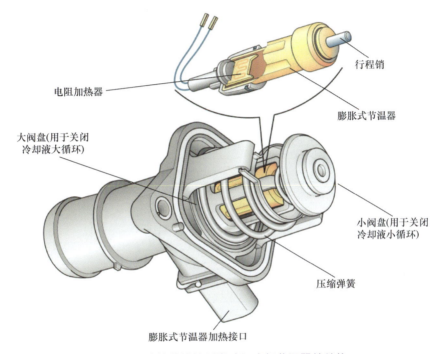

图 5-5　特性曲线控制发动机冷却节温器的结构

（2）部件功能　冷却液分配器壳体的膨胀式节温器始终处于冷却液的包围中。充蜡元件在不加热情况下来调节温度，但它是按另一种温度设计的。由于冷却液温度的作用，蜡融化成液体并膨胀。这个膨胀作用使得行程销产生一个行程。在不通电的正常情况下，这个膨胀过程按照发动机出口处 110℃ 冷却液温度的新温度曲线来进行。

充蜡元件内嵌入了一个加热电阻。如果这个加热电阻通电的话，它就会对充蜡元件加热，于是行程（也就是调整情况）就不只是取决于冷却液温度了，而是按照发动机控制单元内存储的特性曲线来进行了。

二、冷却液循环

1. 冷却液小循环

发动机在冷起动和部分负荷的情况下使用小循环，冷却液小循环（图 5-6）用于快速预热发动机，特性曲线控制的发动机冷却过程并未工作。冷却液分配器壳体内的节温器阻止了来自散热器的回流冷却液，通向水泵的较短的通路被打开了，散热器不参与此时的冷却液循环。

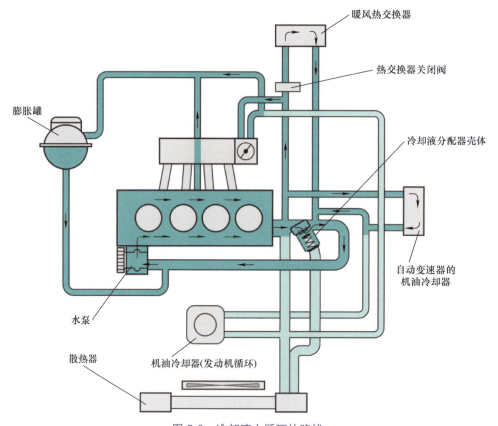

图 5-6　冷却液小循环的路线

在小循环中，用于部分负荷下限和上限的冷却液温度范围为 95~110℃。小循环的功能位置如图 5-7 所示，发动机起动并运行时，水泵使冷却液开始循环起来。冷却液从缸盖（在分配壳体的上平面中）经一条通道流入下平面中。节温器的位置只允许直接通往水泵的路径开通。冷却液很快就能热起来了，所以小循环就是快热用的。暖风热交换器和机油冷却器是连接在小循管路上的。

如果暖风调节钮处于"关闭"位置的话，热交换器关闭阀就会切断通向热交换器的供液，于是就不会对车内进行加热了。

2. 冷却液大循环

如图 5-8 所示，冷却液大循环或冷却液温度达到 110℃时节温器根据负荷情况和特性曲线打开。散热器现在就参与此时的冷却液循环了。为了增强行车顺风或者怠速时的冷却效果，电动风扇会根据需要接通。

第五章　冷却系统执行器控制

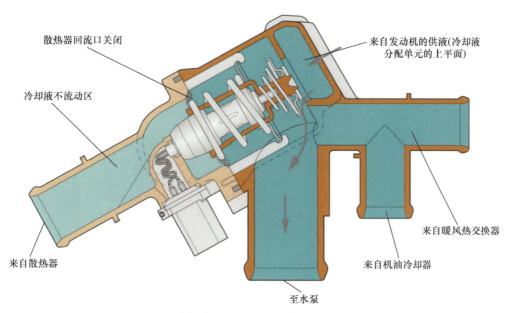

图 5-7　冷却液小循环时电子节温器的功能位置

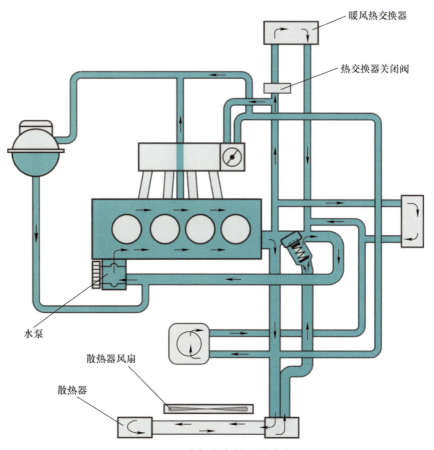

图 5-8　冷却液大循环的路线

全负荷时，大循环中冷却液温度为 85~95℃。如图 5-9 所示，发动机在全负荷工作时需要很强的冷却能力来配合，于是冷却液分配器壳体内的节温器就通上了电，于是散热器的回流管就被打开了。与此同时，通向水泵的小循环管路就被小阀盖关闭了。水泵将从缸盖流出的冷却液直接经上平面输送到散热器了。

从散热器出来的已冷却下来的冷却液流回到下平面，再由水泵来抽取，也可能出现中间情况。这时一部分冷却液进入大循环，另一部分冷却液进入小循环。

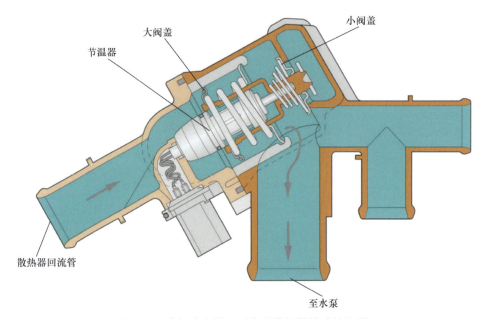

图 5-9　冷却液大循环时电子节温器的功能位置

三、Simos 3.3 控制单元

1. 结构

Simos 3.3 控制单元（图 5-10）内集成了专门用于电子调节冷却系统的功能，还集成了几条重要特性曲线参数：

1）冷却液规定温度 1（取决于转速和负荷）。

2）冷却液规定温度 2（取决于车速和进气温度）。

3）预控制占空比（取决于规定温度和转速）。

4）散热器风扇 1 档温差（取决于空气流量、负荷和转速）。

5）风扇 2 档温差（取决于空气流量、负荷和转速）。

该控制单元的功能包括节温器通电（输出），散热器回流温度（输入），散热器风扇控制（2 个输出）以及暖风调节电位计（输入）。其上有用于电子调节冷却系统传感器和执行元件的接口，所有需要的其他信息就使用发动机控制系统传感器来获取。

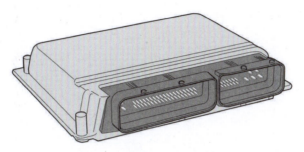

图 5-10　Simos 3.3 控制单元

2. 功能

特性曲线温度功能每秒钟计算一次。根据这个计算结果来进行系统调节：激活特性曲线控制发动机冷却系统节温器内的加热电阻（就是通上电），这样就可打开冷却液大循环（调节冷却液温度）。起动散热器风扇，使得冷却液温度快速下降。

3. 自诊断

电子调节冷却系统集成在自诊断功能中。

四、暖风工作时冷却液温度的调节

车辆在部分负荷和全负荷之间行驶时，冷却液温度在 85~110℃ 之间波动。如果温差达到 25℃，那么在接通暖风时就会感到车内不舒服，驾驶人就会不断地进行调整。

冷却系统的电子装置通过电位计 G267（图 5-11）就可识别驾驶人所需要的暖风量并调节冷却液的温度，比如，例如旋钮在 70% 以上位置意味着冷却液温度 95℃。一旦离开了"暖风关闭"这个位置，温度选择旋钮上的微开关（图 5-12）就打开了。旋钮在不同位置时的负荷示意见图 5-13。于是就起动了气动双通阀 N147，该阀又通过真空作用将热交换器的冷却液切断阀打开了。

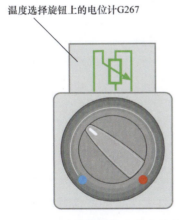

图 5-11　温度选择旋钮上的电位计

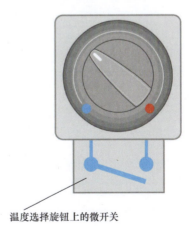

图 5-12　温度选择旋钮上的微开关

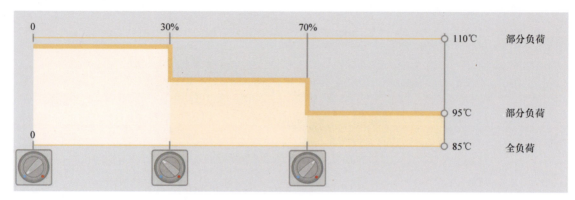

图 5-13 旋钮在不同位置时的负荷示意

五、电子节温器的控制

1. 冷却液温度规定值

如图 5-14 所示,特性曲线控制的发动机冷却系统节温器(大循环和小循环)是通过特性曲线来控制的。这些特性曲线存储了温度规定值。最重要的是发动机负荷。从负荷(空气流量)和转速,就可得出需要调节到的冷却液温度。

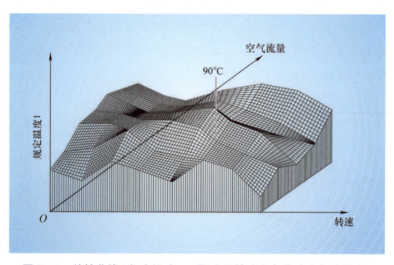

图 5-14 特性曲线 [规定温度 1,取决于转速和负荷(空气流量)]

如图 5-15 所示,另一组特性曲线也存储有温度规定值,这些值取决于车速和进气温度。从这些变量中可得出想要调节到的冷却液温度。对比两组特性曲线,将较低的那个温度作为规定值来使用,按该温度来调节节温器。只有当超过了温度界限值且冷却液温度马上就到规定值时,节温器才开始工作。

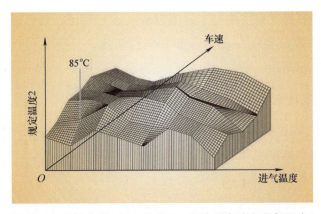

图 5-15 特性曲线 [规定温度 2，取决于车速和进气温度]

2. 冷却液温度传感器

冷却液温度传感器 G62 和 G83 是负温度系数（NTC）传感器，其安装位置如图 5-16 所示，冷却液温度传感器电路见图 5-17。冷却液温度规定值存储在发动机控制单元内的特性曲线中。实际的冷却液温度值是在两个不同点处获取的，并作为电压信号传给控制单元。

1）冷却液实际温度值 1，直接在发动机上的冷却液分配器上的出口处获取。

2）冷却液实际温度值 2，在散热器上的冷却液出口前获取。

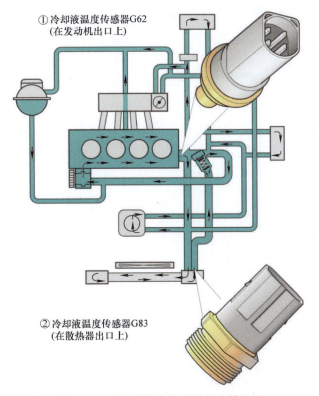

图 5-16 冷却液温度传感器的安装位置

特性曲线上存储的规定温度值与实际温度值①进行对比，就可得出节温器内加热电阻通电得占空比。将冷却液实际温度值①和②进行对比，是控制散热器风扇的基础。

3. 特性曲线控制发动机冷却系统节温器 F265

如图 5-18 所示，膨胀式节温器的蜡质元件中嵌入了一个加热电阻。这个加热电阻会加热蜡，蜡就开始膨胀，于是行程销就按特性曲线产生一个行程 x。这个行程 x 就对节温器进行了机械调整。这个加热过程由发动机控制单元通过脉冲宽度调制（PWM）信号按特性曲线来激活。发动机冷却系统节温器 F265 控制电路如图 5-19 所示。

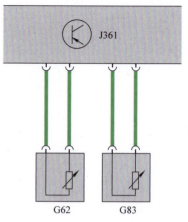

图 5-17 冷却液温度传感器电路

> **注意**
> 发动机停机或起动时，没有电压作用在加热电阻上。节温器加热元件并不加热冷却液，它只按规定来加热节温器，以便打开冷却液大循环。

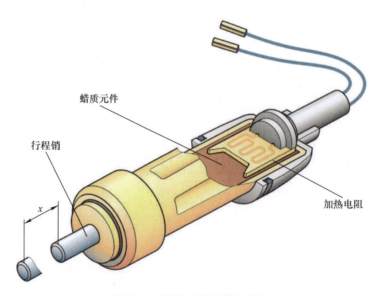

图 5-18 膨胀式节温器的结构

不同的加热程度取决于脉冲宽度和时间。其 PWM 信号的控制规则为：PWM 低（无电压）意味着冷却液温度高；PWM 高（有电压）意味着冷却液温度低。

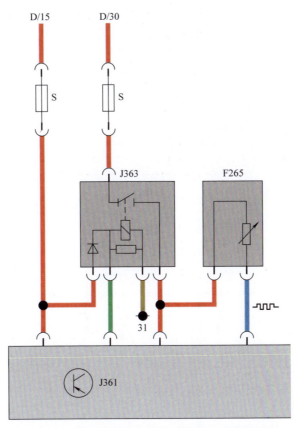

图 5-19　发动机冷却系统节温器 F265 控制电路

D/15—点火锁接线柱 15　D/30—点火锁接线柱 30　F265—特性曲线控制发动机冷却系统节温器 F265
J363—Simos 控制单元供电继电器　J361—Simos 控制单元

4. 电动散热器风扇的起动

低温（全负荷模式）主要取决于当前的冷却能力。散热器风扇的相关控制电路如图 5-20 所示，为了提高冷却能力，发动机控制单元也可以接通散热器风扇电动机的两个档位。风扇（1 档和 2 档）的工作情况取决于发动机出口和散热器出口的冷却液温度差。风扇的接通和关闭条件存储在发动机控制单元内的两条特性曲线中，这两条特性曲线专门用于管理这些条件。这两条特性曲线按转速和空气流量（负荷）来工作。

当车速高于 100km/h 后，风扇就不会再接通了。因为高于这个车速，风扇就不能提供额外的冷却能力了。

六、电子调节冷却系统的自诊断与检测

电子调节冷却系统的自诊断集成在发动机电控系统中。自诊断功能包括监控传感器、执行元件和控制单元。如果控制单元发现故障，那么控制单元会从其他输入信号计算出一个替代值，并进入应急运行状态。

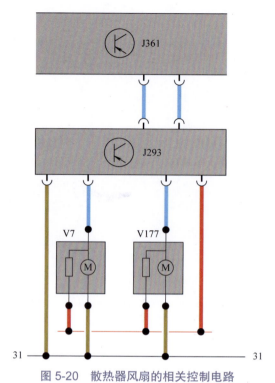

图 5-20　散热器风扇的相关控制电路

J293—散热器风扇控制单元　J361—Simos 控制单元　V7—散热器风扇 1　V177—散热器风扇 2

故障会被存储到故障存储器内。另外,在"读取测量数据块"中会显示测量值,这些测量值可用于故障查寻。

冷却液温度传感器 G62 损坏(发动机出口),冷却液温度传感器 G83 损坏(散热器出口),这两个冷却液温度传感器都损坏,风扇末级放大器损坏以及节温器末级放大器损坏等都可以使用 VAS5051、VAS052 等来进行自诊断。

1. 冷却液温度传感器的替代功能

如果冷却液温度传感器 G62 损坏,那么就用固定的替代值 95℃来继续进行冷却液温度调节,且风扇总以 1 档来工作。如果冷却液温度传感器 G83 损坏,温度调节会继续保持有效,且风扇总以 1 档来工作。在超过一定的温度极限值时,风扇就开始以 2 档来工作。如果这两个传感器都损坏了,那么加热电阻上作用的是最大电压,且风扇总以 2 档来工作。

2. 电动冷却风扇的替代功能

如果因故无法接通风扇 1 档,那么可以接通 2 档来替代 1 档工作。如果因故无法接通风扇 2 档,那么特性曲线控制的发动机冷却系统节温器就被通上最大电流(安全原因)。关闭发动机后,散热器风扇续动按时间和温度来进行。带有挂车接合器或者空调装置的车,装备有两个风扇(增大冷却能力)。

第二节　创新型热量管理

如图 5-21 所示，大众 EA888 发动机冷却回路的主要特点包括集成在气缸盖中的排气歧管以及新的旋转阀组件，尤其是采用了创新型热量管理系统。

如图 5-22 所示，创新型热量管理系统是针对发动机和变速器的一项智能冷起动和暖机程序。它可实现全可变发动机温度调节，对冷却液液流进行目标控制。核心元件是发动机温度调节执行器 N493（旋转阀组件）。其通过螺钉固定到气缸盖下方的进气侧曲轴箱上。

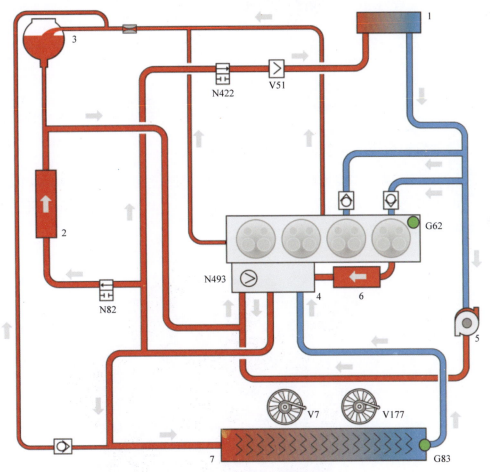

图 5-21　冷却系统冷却回路

G62—冷却液温度传感器　G83—散热器出口冷却液温度传感器　N82—冷却液切断阀
N422—Climatronic 自动空调冷却液切断阀　N493—发动机温度调节执行器　V7—散热器风扇 1
V51—冷却液再循环泵　V177—散热器风扇 2　1—加热器热交换器　2—齿轮油冷却器（可选件）
3—冷却液膨胀箱　4—带冷却液泵的旋转阀组件　5—涡轮增压器　6—机油冷却器　7—主水冷却器

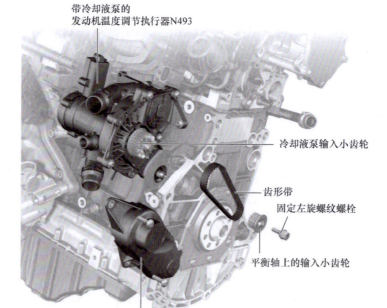

图 5-22　创新型热量管理系统（ITM）的部件结构

一、发动机温度调节执行器（旋转阀组件）

如图 5-23 所示，发动机温度调节执行器（旋转阀组件）包含冷却液泵、两个旋转阀、恒温器、用于控制冷却液液流的发动机温度调节执行器 N493 以及用于带转向角度传感器的齿轮，冷却液泵由平衡轴齿形带驱动。

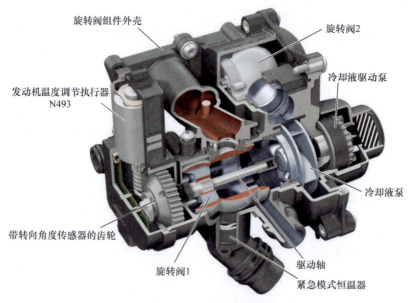

图 5-23　旋转阀组件的结构

1. 旋转阀组件特点

冷却系统相关部件（旋转阀组件）的分解图如图 5-24 所示，旋转阀组件的主要特点是组件内包含两个旋转阀元件，由发动机温度调节执行器 N493 通过电力驱动。旋转阀 1 通过一根轴由发动机温度调节执行器 N493 直接驱动。旋转阀 2 通过一个中间齿轮（针齿轮）在旋转阀 1 上齿形门的作用力下运转。

这表示旋转阀 1 和 2 是通过机械方式联动的，在运转时会互相影响。另一恒温器带有扩张元件，其功能是作为一项安全装置（紧急恒温器），在发生故障时在 113℃ 的温度下起动。

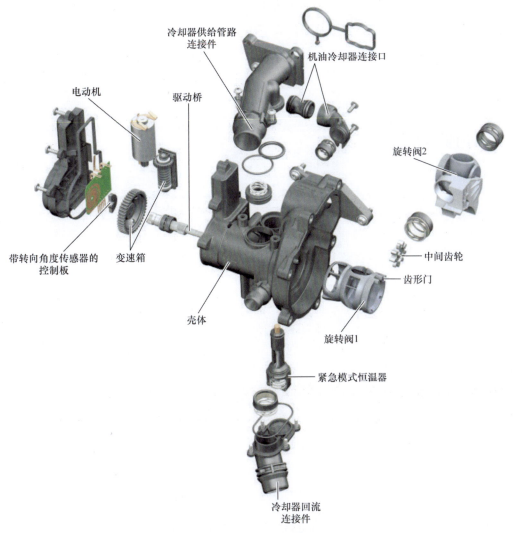

图 5-24　冷却系统相关部件（旋转阀组件）的分解图

2. 旋转阀组件的运行原理

执行器电动机通过一个齿轮驱动旋转阀 1。它控制冷却液在机油冷却器、发动机和主水冷却器之间流动。发动机越热,执行器电动机驱动旋转阀 1 旋转的驱动力更大。旋转阀 2 通过一个中间齿轮由旋转阀 1 上的齿形门驱动。

控制板上的转向角传感器(霍尔式传感器)将旋转阀位置发送至发动机控制单元。发动机停机且接续运行模式结束后,旋转阀角度自动设置为 40°。如果系统中有故障,发动机可通过紧急恒温器在此角度范围内运行。如果没有故障且发动机起动,旋转阀角度被设置为 160°。

执行器是通过图谱由发动机控制单元驱动的。通过驱动相应的旋转阀,可实现不同的开关位置,从而让暖机加快,并将发动机温度保持在 86~107℃之间,有暖机范围、温度控制范围以及接续运行模式范围三个基本控制范围。

当旋转阀 1 上的齿形门处于 145°角位置时,它会接合旋转阀 2。冷却液液流流向气缸体,随着旋转阀 2 的旋转,液流增加。当旋转阀 1 处于 85°时,旋转阀 2 在达到其最大旋转角度时断开连接,冷却液流向气缸体的通道完全打开。

二、不同阶段的热量管理

1. 调节顺序

如图 5-25 所示,暖机范围又分为三个调节阶段。从暖机范围到温度控制范围再到接续运行模式的调节顺序。图 5-25 采用了一个非常简化的示意图来表示旋转阀组件和发动机冷却回路。在此示意图中不包含旋转阀组件内两个旋转阀的电驱动装置和冷却液泵的齿形带驱动装置。

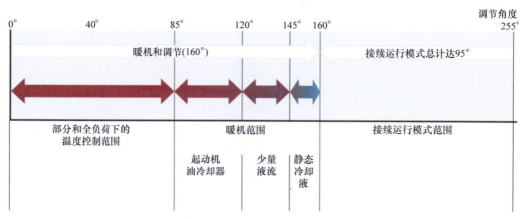

图 5-25 暖机范围的三个调节阶段

在暖机过程中,发动机的运行经过静态冷却液、少量液流以及起动机油冷却器三个阶段。两个旋转阀位置中的各个阶段是不同的,且每个阶段无缝连接。其目的是尽可能使用气缸内燃油燃烧产生的热量来给发动机加热。如果需要在"静态冷却液"阶段(图5-26)取暖,则此时发动机会向车内提供热量。

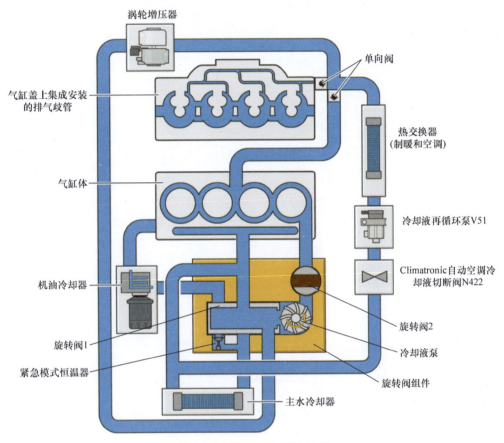

图 5-26 "静态冷却液"阶段

2. 暖机阶段管理

(1) 暖机(静态冷却液) 如图5-27所示,为保持发动机内燃烧产生的热量,旋转阀2关闭。这会中断冷却液泵的供给液流流向发动机气缸体。旋转阀1阻止来自机油冷却器的回流以及来自主水冷却器的回流。

Climatronic自动空调冷却液切断阀N422中断流向制暖和空调系统的冷却液。电动冷却液继续循环泵V51关闭。

(2) 暖机(少量液流) 如图5-28所示,暖机范围中的控制阶段旨在通过排气歧管的静态冷却液来防止气缸盖和涡轮增压器过热。当旋转阀1的角度为145°时,旋转阀2接合,并轻微开启,让冷却液流向气缸体。现在,少量冷却液液流流经气缸体、气缸盖和涡轮增压器,流回旋转阀组件和冷却液泵,从而防止热量聚集导致气缸盖和涡轮增压器过热。

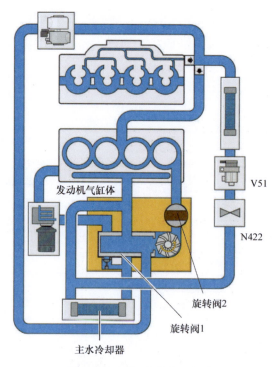

图 5-27 暖机（静态冷却液）

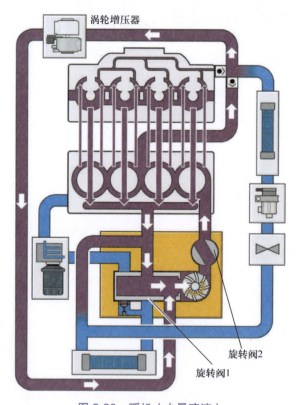

图 5-28 暖机（少量液流）

（3）暖机（少量液流）以及车内制暖　如图 5-29 所示，如果在此阶段需要对车内制暖，Climatronic 自动空调冷却液切断阀 N422 开启，且冷却液继续循环泵 V51 开始输送液体。旋转阀 2 暂时中断，冷却液流向气缸体。冷却液被导向气缸盖、涡轮增压器和加热器交换器。这会让发动机的暖机时间变长。

Climatronic 自动空调冷却液切断阀 N422 和冷却液再循环泵 V51 的激活总是符合后续控制范围的需求。流到发动机气缸体的冷却液减少，或在需要时被旋转阀 2 阻止。

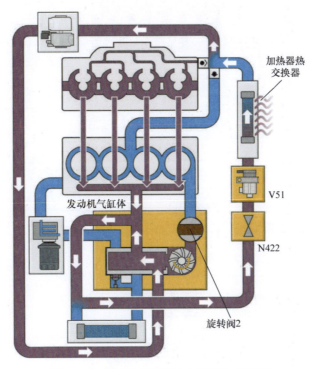

图 5-29　暖机（少量液流）以及车内制暖

（4）暖机（开启由图谱控制的发动机冷却功能）　如图 5-30 所示，在发动机暖机过程中开启机油冷却器。旋转阀移至 120° 角位置，相关连接装置打开，让冷却液流至机油冷却器。因为旋转阀 2 仍然接合，该阀进一步旋转，从而增加流经气缸体的冷却液。气缸体内分布大量热量，发动机余热通过机油冷却器释放出去。

3. 关闭发动机时的接续运行模式范围

如图 5-31 所示，为防止冷却液在发动机停机时在涡轮增压器和气缸盖中沸腾，发动机控制单元通过图谱起动接续运行功能。在发动机停机后，此功能可运行多达 15min。在接续运行模式中，发动机温度调节执行器 N493 的旋转阀 1 处于 160°~255° 的位置。

接续运行模式中对冷却程度的需求越高，则阀处于越高的角度位置。在 255° 时，接至主水冷却器回流管路的连接装置完全打开，因此能传递最多的热量。

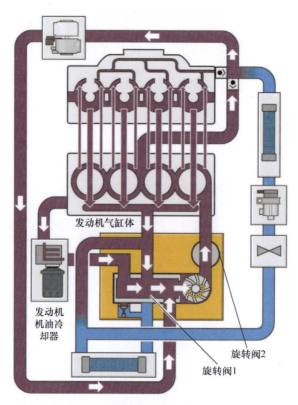

图 5-30 暖机（开启由图谱控制的发动机冷却功能）

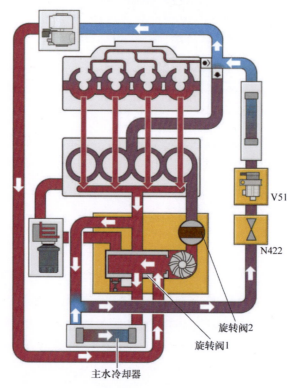

图 5-31 关闭发动机时的接续运行模式范围

旋转阀 2 处于接续运行模式位置，并未接合到旋转阀 1 中。冷却液再循环泵 V51 供给的冷却液分为两股支流，流入冷却液回路。一条支流流过气缸盖，然后流回冷却液继续循环泵 V51。另一条支流通过旋转阀 1 流经涡轮增压器，流至主水冷却器，同样流回冷却液继续循环泵 V51。

当处于接续运行模式位置时，不会向气缸体供给冷却液。

三、紧急模式的诊断

如图 5-32 所示，如果旋转阀组件的温度超过 113℃，紧急恒温器打开通向主水冷却器的旁通阀。如果旋转阀组件发生故障，这一设计使得车辆能够继续行驶有限的距离。

如果发动机控制单元没有从发动机温度调节执行器 N493 接收到任何位置反馈，则它会驱动旋转阀。这样，无论当前的发动机负荷和运行温度如何，可确保最佳的发动机冷却效果。在旋转阀组件发生故障的情况下（如电机发生故障或旋转阀驱动装置卡住），可采取进一步措施。

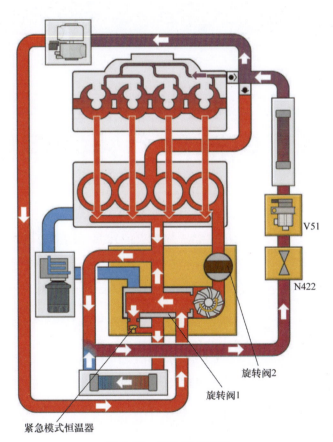

图 5-32　紧急模式控制

如果来自转向角度传感器的位置信号发生故障，发动机控制单元会驱动旋转阀到安全侧，以便达到最强的冷却功效。

第六章

转向系统执行器控制

第一节　电动助力转向系统

电动助力转向系统借助于电动机来完成驾驶人的转向运动，电动机驱动蜗轮蜗杆机构。这个受速度影响的系统将一个直接的转向感觉在不受地面影响的情况下，传递给驾驶人。电动助力转向控制系统如图 6-1 所示，电动助力转向系统控制电路如图 6-2 所示。

一、转向柱的部件组成

如图 6-3 所示，新型助力转向系统主要由转向柱上开关、套管、带有转向位置传感器和转向力矩传感器的蜗轮蜗杆机构、电动助力转向系统的电动机、转向柱电子装置控制器以及连接机械式转向机构的万向轴组成。

第六章 转向系统执行器控制

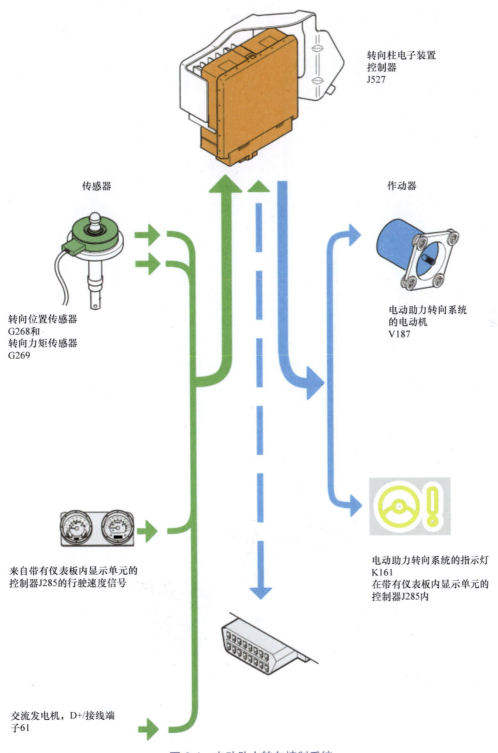

图 6-1 电动助力转向控制系统

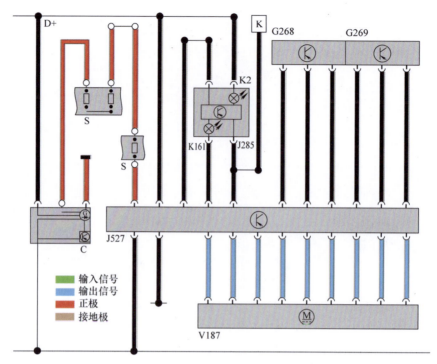

图 6-2 电动助力转向系统控制电路

C—交流发电机　G268—转向位置传感器　G269—转向力矩传感器　J285—仪表板内显示单元的控制器　J527—转向柱电子装置控制器　K2—发电机指示灯　K161—电动助力转向系统的指示灯　S—熔丝　V187—电动助力转向系统的电动机　K—诊断端口

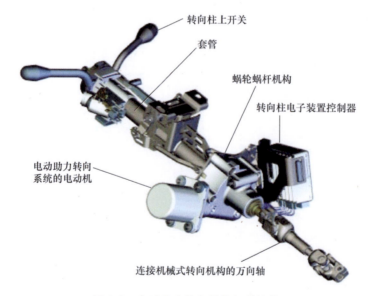

图 6-3 电动助力转向柱的部件结构

电动助力转向柱的总体布局如图 6-4 所示,在结构上,整个电动助力转向系统被整合成一个紧凑的单元。所有元件,例如控制器、电机和控制所需的传感器,都是该单元的一部分。

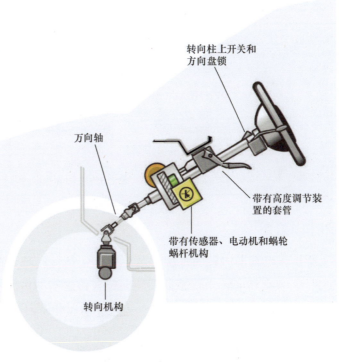

图 6-4　电动助力转向柱的总体布局

1. 电动助力转向系统和液压助力转向系统的区别

（1）液压助力转向系统　如图 6-5 所示，在液压助力转向系统中，位于万向轴后的系统组件参与转向过程，此时转向助力通过液压实现。

（2）电动助力转向系统　如图 6-6 所示，在电动助力转向系统上转向助力器位于万向轴前。在该系统中所需的转矩由电动机提供。

图 6-5　液压助力转向系统　　　　　图 6-6　电动助力转向系统

电动助力和液压助力转向系统的区别见表 6-1。

表 6-1 电动助力和液压助力的区别

类型		液压助力型	电动助力型
质量 /kg		16.3	11.3
功率消耗 /W	市内行驶	400	25
	高速公路行驶	800~1000	10
相对于机械式转向系统而言的额外消耗 / (L/100km)		0.1 （基于 44kW 的 SDI 发动机）	0.01 （基于装配有 1.2L TDI 发动机）

2. 转向柱和其组件

如图 6-7 所示，电动助力转向系统的基本组件包括转向轴、带有高度调节装置的套管、中间轴、扭力杆、装有转向转矩传感器和转向位置传感器的传感器外壳、电动机和联轴器、蜗轮蜗杆机构、传动机构外壳、转向柱电子装置控制器和万向轴。

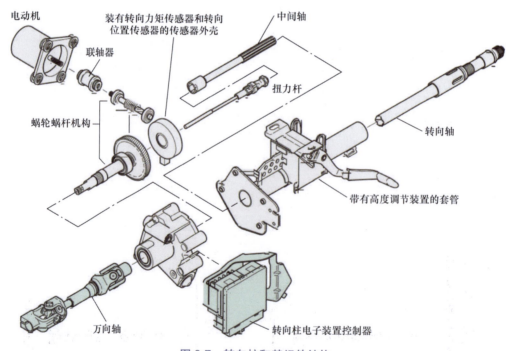

图 6-7 转向柱和其组件结构

（1）扭力杆 电动助力转向系统的核心部件是扭力杆（图 6-8）。如图 6-9 所示，可以根据其自身的材料特性在纵轴方向上获得一个明显的弹性变形。中间轴和蜗轮蜗杆机构传动轴通过扭力杆机械连接。通过此连接，中间轴和蜗轮蜗杆机构的传动轴之间会发生一个很小角度的相对扭转。通过这个小角度，系统就能够识别出转向过程的开始。

第六章 转向系统执行器控制

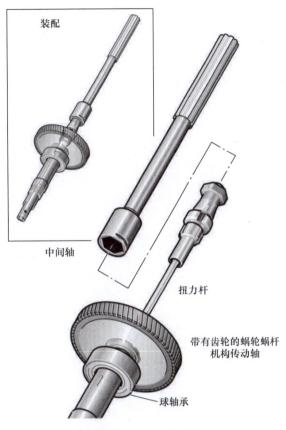

图 6-8 扭力杆的结构

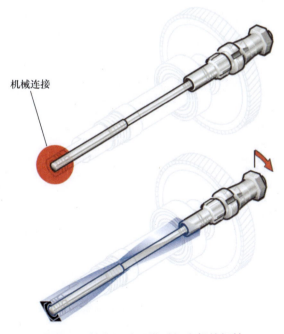

图 6-9 转向运动开始时扭力杆的扭转

（2）蜗轮蜗杆机构　蜗轮蜗杆机构的结构如图6-10所示。蜗轮蜗杆机构安装于铝制外壳内，在该外壳上还安装有电动机。

电动机输出轴上的蜗杆与转向轴上的齿轮相啮合。由此可以得到传动比22∶1。齿轮轮体和蜗杆杆体由金属制成，而齿轮齿圈则为塑料材质，这样可以减小机械噪声。

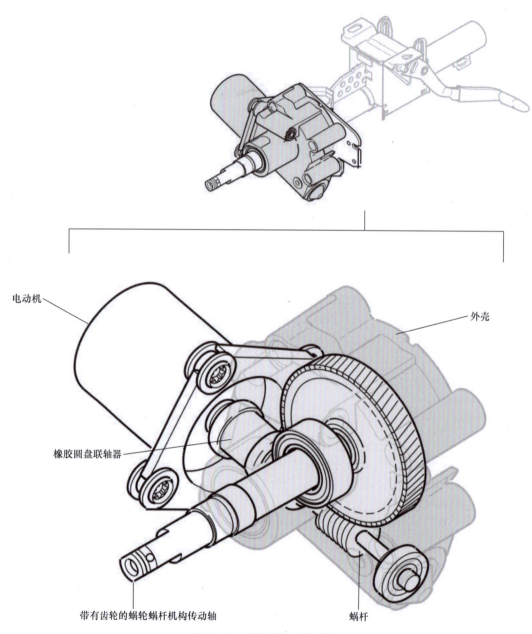

图6-10　蜗轮蜗杆机构结构

（3）高度调节装置　如图6-11所示，高度调节装置的机械部分与套管固定相连，其调节行程为39mm。

（4）万向轴 如图 6-12 所示，两根万向轴通过一根短的伸缩臂相连，其目的在于调整高度调节装置的长度，并且还能在发生正面碰撞时保护乘客。

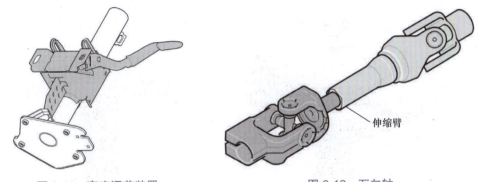

图 6-11 高度调节装置　　　　　　　图 6-12 万向轴

（5）伸缩臂 如图 6-13 所示，如果想将转向盘向上调整，那么伸缩臂会被缩短。这样，转向盘到转向机构的距离会变小。如图 6-14 所示，如果将转向盘向下调整，那么距离会变大，并且伸缩臂会被拉伸。

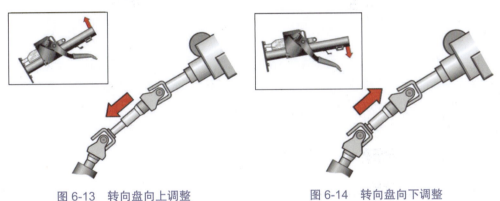

图 6-13 转向盘向上调整　　　　　　图 6-14 转向盘向下调整

二、传感器

如图 6-15 所示，转向位置传感器 G268 以及转向力矩传感器 G269 位于外壳内，该外壳位于齿轮上方的蜗轮蜗杆机构传动轴上，通过六芯插头与控制器相连。

1. 转向位置传感器 G268

如图 6-16 所示，传感器是与蜗轮蜗杆机构的传动轴相连的。它会记录下转向盘转动角度或转向系统的当前位置。

2. 转向力矩传感器 G269

如图 6-17 所示，传感器与扭力杆相连。它能够识别出扭力杆相对于中间轴的扭转角。控制器可以由此计算出力矩。如果这个计算出来的力矩超过 0.01N·m，那么控制器就会认为需要转向助力。

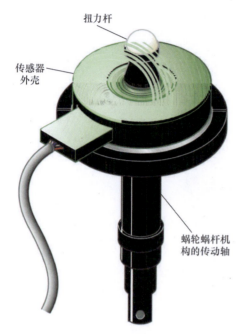

图 6-15 传感器外壳

图 6-16 转向位置传感器结构

如图 6-18 所示,这两个传感器通过各自的三根导线分别与控制器相连。如果转向转矩传感器失灵,那么此系统会被关闭。如果转向位置传感器失灵,那么"主动复位"功能也会被关闭。在这两种情况下,故障指示灯亮起。

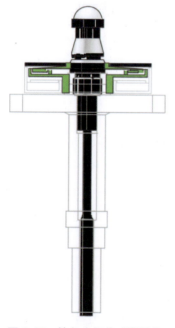

图 6-17 转向力矩传感器结构

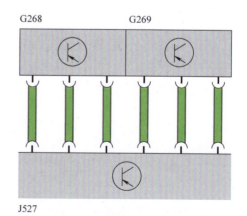

图 6-18 转向位置和转向力矩传感器的电路

3. 传感器的结构

如图 6-19 所示，两个传感器都是滑动式电位计，内环位于外壳内。通过扣环将内环插到蜗轮蜗杆机构的传动轴上，内环可以相对于外壳进行转动。通过内环相对于外壳下部的转动，转向位置传感器会识别出转向系统的转动，并且转向力矩传感器会识别出扭力杆的扭转。

同时，两对电位计触点也会与位于外壳内的电路板上的内部滑轨相接触。该部分就是转向位置传感器。其他滑轨的作用是将转向力矩传感器的信号进行转发。

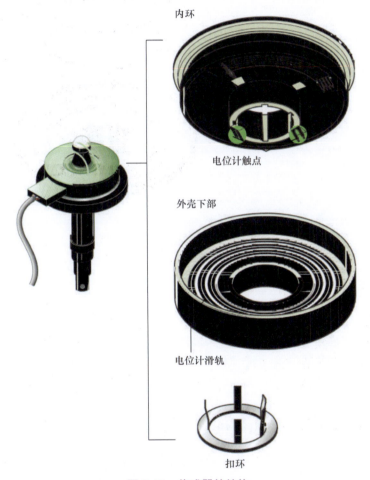

图 6-19 传感器的结构

如图 6-20 所示，在内环上装有转向力矩传感器，这是一个塑料环，上面有两对电位计触点。这些触点与内环中的四根导轨相接触。传感器环固定在外壳盖上，它又和扭力杆杆头完美贴合。当扭力杆转动时，外壳盖也能相对于内环扭转，通过电位计触点检测到扭转，然后转化为信号通过外壳底部的导轨传递给控制器。

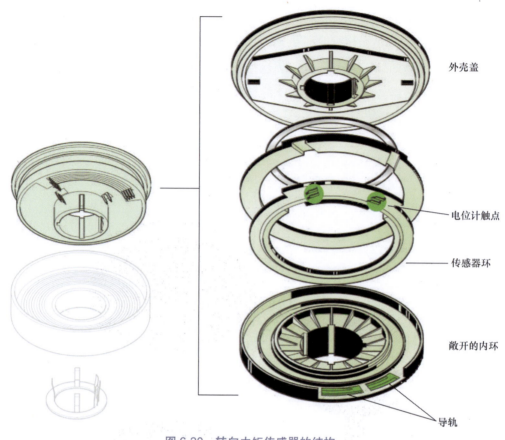

图 6-20 转向力矩传感器的结构

三、转向柱电子装置控制器

如图 6-21 所示,转向柱电子装置控制器 J527 位于与蜗轮蜗杆机构的外壳相连的框架上。在控制器的接口板上设有五个插头,在安排插头布局时就已考虑到,它们之间不会混淆。根据传感器的数据,并结合行驶速度,控制器会计算出必要的转向助力值。

当控制器失灵时,故障指示灯亮起。

四、电动助力转向系统的电动机

如图 6-22 所示,电动助力转向系统的电动机 V187 通过橡胶缓冲块与蜗轮蜗杆机构外壳相连,这样在电动机和转向柱之间就不会有振动被传递。电动机输出轴通过弹性橡胶圆盘联轴器与蜗杆轴相连,因此,只会有极其微弱的电动机起动冲击传递给蜗轮蜗杆机构。电动机本身的最大功率为 720W,产生的转矩为 2N·m。为了支持最快的转向运动,它具有极短的响应时间。

电动机通过转向柱电子装置控制器 J527 获得其所需的电能。电动助力转向系统的电动机电路如图 6-23 所示。

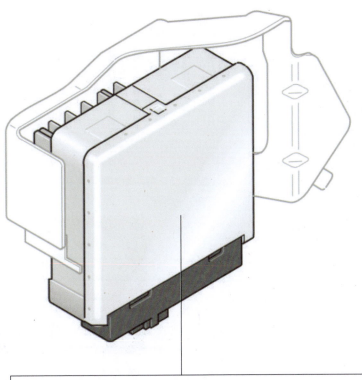
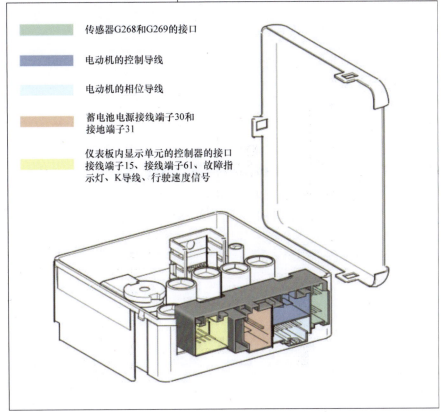

图 6-21 转向柱电子装置控制器 J527 外形及插头

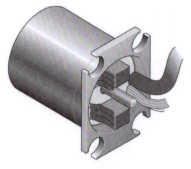

图 6-22　电动助力转向系统的电动机

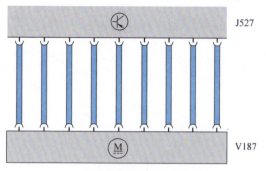

图 6-23　电动助力转向系统的电动机电路

五、电动助力转向系统的指示灯

如图 6-24 所示,电动助力转向系统的指示灯 K161 位于仪表板内。当控制器检测到助力转向系统内有故障时,仪表板内显示单元上的指示灯点亮。

六、转向过程

如图 6-25 所示,转向柱被划分为上部和下部。在上部装有转向力矩传感器,在下部装有转向位置传感器。

图 6-24　电动助力转向系统指示灯 K161 的位置

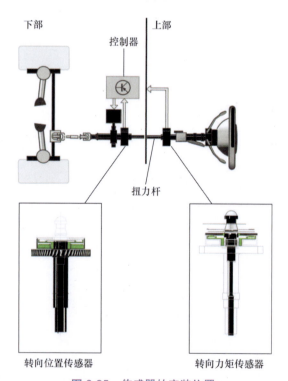

图 6-25　传感器的安装位置

1. 转向盘的转向过程

如图 6-26 所示，驾驶人开始转向时，将会引起扭力杆的扭转。随同扭力杆一同转动的转向力矩传感器会向控制器发出信号，这些信号中包含着作用于转向盘上的力矩大小和扭转方向的信息。根据这些信号，控制器计算出必要的助力转矩，并控制电动机。作用于转向盘上的扭转力矩和助力转矩的总和就是作用于转向机构上的有效力矩。

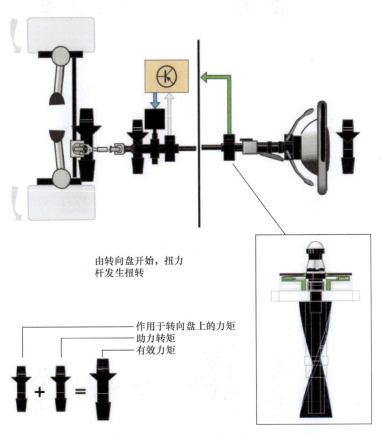

图 6-26　转向盘的转向过程 1

如图 6-27 所示，如果驾驶人增加作用于转向盘上的力矩，那么由电动机提供的助力转矩也会增加。这使得在转向机构上产生轻微扭转。

如图 6-28 所示，如果驾驶人将作用于转向盘上的力矩减小，那么扭力杆上的扭转也会减小。这样转向转矩传感器会向控制器发出一个比较小的信号。控制器通过控制电动机从而减小助力转矩。受到车轴几何结构的影响，车轮和转向系统会被复位到直线行驶的位置。

如果通过转向机构产生的复位转矩大于作用于转向盘上的力矩与助力转矩之和，那么电动助力转向系统就会开始将转向系统向直线行驶位置复位。

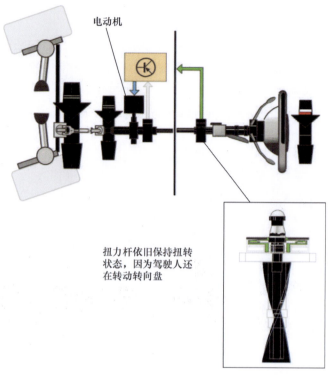

图 6-27 转向盘的转向过程 2

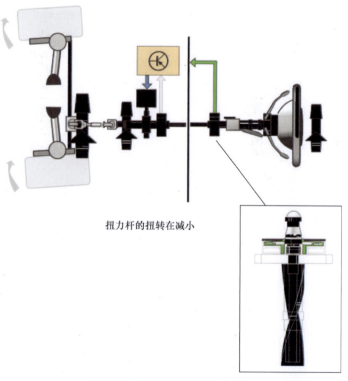

图 6-28 转向盘的转向过程 3

2. 主动复位

如图 6-29 所示,在转弯行驶过程中,如果驾驶人松开转向盘,那么扭力杆得到松弛,同时电子装置会将电动机断电。这样助力转矩就会消失。

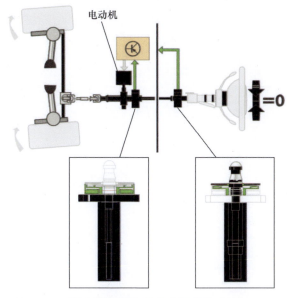

图 6-29　转向盘的主动复位 1

如图 6-30 所示,如果车辆还未直线行驶,那么这将通过转向位置传感器来确定。现在通过控制电动机,使得转向系统能够主动转到直线行驶位置。

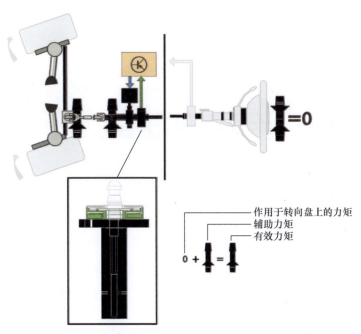

图 6-30　转向盘的主动复位 2

七、自诊断及检修

1. 自诊断

通过地址字段 44"转向助力"可以将其导入。在自诊断中通过电动助力转向系统的控制器可以实现的功能见表 6-2,这些功能也能通过车辆诊断测量和信息系统 VAS 5051 进行查询。

表 6-2 电动助力转向系统的控制器可以实现的功能

功能	地址字段
查询控制器版本	01
查询故障码存储器的故障记忆	02
删除故障码存储器的故障记忆	05
读取测量值组	08
导入基本设置	04
结束输出	06

2. 检修转向系统

目前,在电动助力转向系统上只允许将转向柱上开关和锁紧气缸单独更换。带有套管、控制器和电动机的传动机构总是作为一个整体进行更换的,因此在任何情况下都不要将其拆解。

第二节 电动液压助力转向系统

电动液压助力转向(Electrically Powered Hydraulic Steering,EPHS)系统是一个与转向角速度和驾驶速度相关的伺服转向系统。在保持传统液压转向系统优良性能的同时,该系统有如下优点:

1)更舒适,车辆在规定速度范围内行驶时,转向盘转动十分轻松,但车辆在高速行驶时,转向比较费力(安全因素)。

2)节约燃料,能量的输入量与消耗量一致,这与内燃机的工作状态无关。

一、总体布置

转向助力所需的系统压力由液压泵产生,传统的助力转向系统由发动机直接驱动液压泵,因此发动机会损失部分功率。

在需要最大转向助力的瞬间,转弯时发动机转速达到最小值。泵功率设计时,要考虑这种情况。转向角速度越快,泵的转速越大,流量也越大。当发动机转速较高时,多余的泵功率通过一个旁路被分流。

电动液压助力转向系统虽然也靠液压来帮助驾驶人转向,但液压泵、齿轮泵都通过电动机驱动,与发动机在机械上毫无关系。液压控制的转向系统与传统的转向系统结构相同,只有转向角以及与行驶速度相关的转向助力不同。

为此在旋转分流阀上加装了一个转向角传感器(图 6-31),它把转向角速度传送到电子控制装置上。转向角的信息通过传感器导线直接传送到控制单元。此外,车辆的行驶速度也由控制单元进行分析。这些信息通过 CAN 总线传递。电动液压助力转向系统的控制机理如图 6-32 所示。

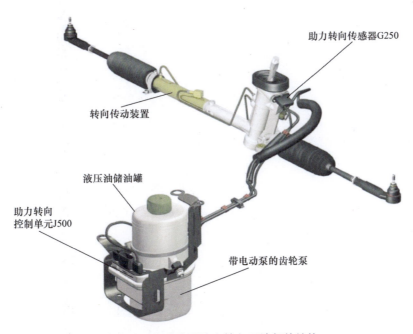

图 6-31 电动液压助力转向系统部件结构

大众汽车使用的是 TRW 转向系统公司和 KOYO 公司提供的产品,两种转向系统的工作原理相同。不同之处在于对转向角速度的测定方法上,从转向角传感器的外观上就可以看出这一点。当汽车置于升降台上时,向右转动转向盘,就能看到助力转向传感器(见图 6-33 中的箭头)。图 6-34 是 TRW 转向器,它紧挨着一个扁平的助力转向传感器。图 6-35 是 KOYO 转向器,它的助力转向器是圆柱形的。TRW 转向系统(不带电子稳定程序)电路如

图 6-36 所示。

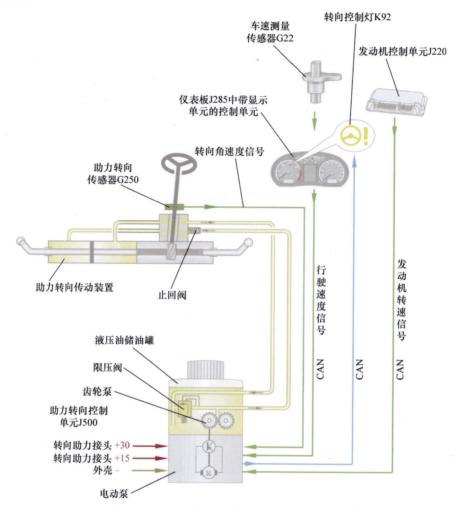

图 6-32 电动液压助力转向系统的控制机理

图 6-33 助力转向传感器的安装位置

第六章　转向系统执行器控制

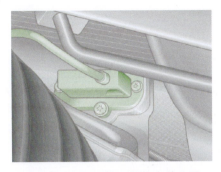

图 6-34　TRW 转向器的安装位置

图 6-35　KOYO 转向器是圆柱形的

> 两种转向系统的零部件不能相互交换使用，无论是电子零件，还是机械零件，例如转向横拉杆及其球头。

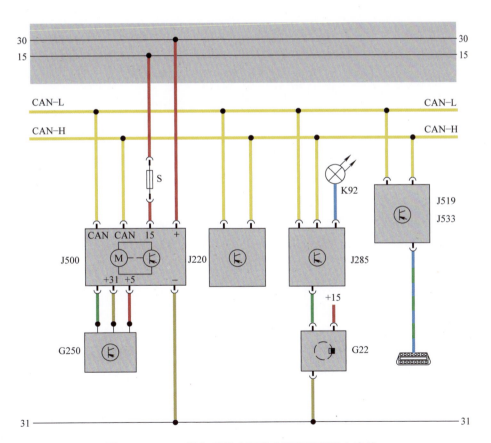

图 6-36　TRW 转向系统（不带电子稳定程序）电路

G22—速度测量传感器　G250—助力转向传感器　J220—Motronic 控制器　J285—仪表板控制单元
J500—助力转向控制单元　J519—车载电网控制单元　J533—数据总线的诊断接口　K92—转向控制灯　S—熔丝

二、系统及零部件结构

1. 转向控制灯

车辆点火后，K92 控制灯亮（图 6-37），这时车辆进行内部检测。如果发动机发动及测试结束后，控制灯依然亮着，说明车辆内部可能有故障。

图 6-37　转向控制灯 K92

2. 助力转向传感器 G250

传感器安装在助力转向传动装置的旋转分流阀内，它测定转向角并计算出转向角速度。在传感器出现故障时，其转向功能也能得到保证。助力转向转为设定的紧急运行状态，这时需要较大的转向力。故障都存储在助力转向控制单元 J500 内。图 6-38 即 TRW 助力转向传感器，图 6-39 所示为 KOYO 助力转向传感器。

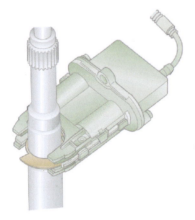 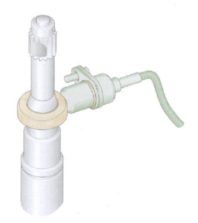

图 6-38　TRW 助力转向传感器　　　　图 6-39　KOYO 助力转向传感器

3. G85 转向角传感器

转向角传感器（图 6-40）安装在转向臂转接件和转向轮之间的转向柱上。传感器装在有电子稳定程序的车型上，这里不使用助力转向传感器 G250。ABS J04 和 J500 控制单元都利用通过 CAN 总线传输的转向角信号，来驱动转向轮。

4. J500 助力转向控制单元

如图 6-41 所示，控制单元集成在电动泵总成中，它根据转向角速度和汽车行驶速度发出信号驱动齿轮泵。瞬时供油量从控制单元中存储的通用特性场图中读取（图 6-42）。控制单元能识别并存储运行中的故障，并装有再接通保护和温度保护。

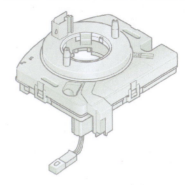

图 6-40　G85 转向角传感器

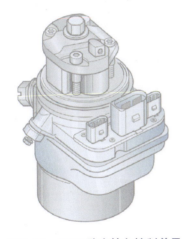

图 6-41　J500 助力转向控制单元的安装位置

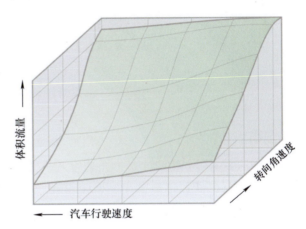

图 6-42　行驶速度、转向角速度与体积流量的关系通用特性场

三、电动液压助力转向的特点

车辆在高速公路上行驶时，传统的助力转向由于发动机转速高在旁通阀上产生较多的功率损失，也就是说，当转向角速度小，发动机转速大时，助力泵会将多余流量输送至别处。

1. 优点

与传统的助力转向系统相比，电动液压助力转向系统有下列优点：

1）最多能节约 85% 的能源。

2）通过少的能源消耗，少的能量供应以及减少液压系统的油量实现保护环境的目的。

3）实际行驶中，100km 节约燃油约 0.2L。

4）主动安全性更好，一般在转向时，转向盘转动很轻便，但高速行驶时，转向较重。

在高速公路行车时，电动助力转向系统通过减小转向角速度与和车辆行驶速度对应的流量，产生最大的节能效应。即使在市区行驶时，也能明显节能（图6-43）。

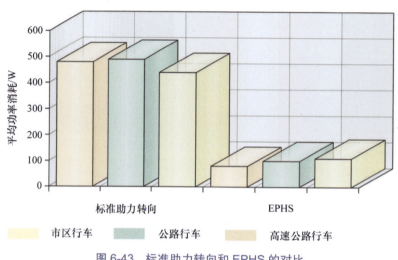

图6-43 标准助力转向和EPHS的对比

2. 功能

电动液压助力转向取决于转向角速度和汽车行驶速度。转向液压泵V119由齿轮泵和电动机组成。这种转向系统采用一个集成在电动泵总成中的齿轮泵来取代助力转向系统中的伺服泵（叶片泵）。该齿轮泵不是由发动机直接驱动，而是由一个集成在电动泵总成中的电动机驱动。该电动机只有在点火接通及发动机运转的情况下才工作。

转向角速度、车速及发动机转速信号将传送给控制单元。该控制单元可以调节电动机以及齿轮泵的转速，进而调节供油量，更确切地说是液压油的体积流量。

3. 再接通保护

电动液压助力转向系统在受到干扰、出现故障或碰撞后其有一种再接通保护。在发生碰撞事故的情况下，这种再接通保护只需用一个诊断仪即可被去除。

在出现其他故障时，再接通保护可以通过中断点火及发动机的重新起动来消除。如果发生这种情况，则为了使电动泵总成在过热之后能得到冷却，必须等待15min左右。这段时间过后，如果再接通保护不能通过发动机的起动被消除，则说明在车载网络中有故障或电动泵总成已损坏。在这种情况下，必须进行自诊断并且有时要更换电动泵总成。

四、电动泵总成

电动泵总成（图6-44）是一个紧密的构件。电动泵总成的一个专用支架在发动机舱左侧用螺栓固定连接在减振器和轮壳之间的车架纵梁上。电动泵总成用橡胶轴承弹性地悬挂在支架上,并且用一个消声罩包封。

如图6-45所示,电动泵总成中包括:带有齿轮泵、限压阀及电动机的液压单元,液压油的储液罐和助力转向控制单元。电动泵总成无须维护,其内部润滑由液压油来完成,它不可拆卸且不提供修理说明。泵通过压力管道与助力转向传动装置相连接,液压油的回油管道通向偏流液罐。

图6-44 电动泵总成

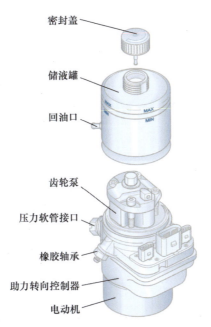

图6-45 电动泵总成的结构

1. 助力转向控制单元 J500

如图6-46所示,助力转向控制单元J500是电动泵总成的组件,可以接收发动机转速、车速和转向角速度等相关信号。根据转向角速度及车速进行信号转换以驱动齿轮泵。其扩展功能包括助力转向温度保护和出现故障后的再接通保护。电动泵的功能见表6-3,转向助力的大小见表6-4。

在自诊断功能方面,助力转向控制器在运行期间能识别故障并将其存储在一个永久存储器中。

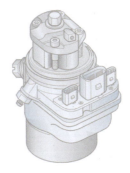

图6-46 助力转向控制单元 J500

表 6-3　电动泵的功能

点火	汽车发动机	泵	转向助力
接通	运转	运转	有
断开	停止，车速等于零	不运转	没有

表 6-4　转向助力的大小

车速	转向角速度	供油量	转向助力
慢（如停车）	大	大	大（转向轻便）
快（如高速公路行驶）	小	小	小（转向沉重）

2. 助力转向装置传感器 G250（TRW 公司）

如图 6-47 所示，TRW 公司的助力转向装置传感器 G250 位于转向传动装置上方且装于转向传动装置输入轴上。它测定转向盘转角并算出转向角速度。它不是一个绝对角度传感器（转向盘角度与转向盘转过的角度成比例）。

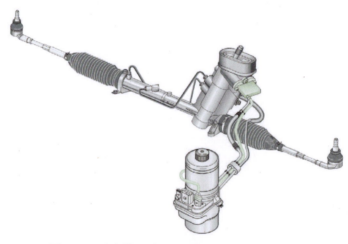

图 6-47　助力转向装置传感器 G250 的安装位置

（1）信号处理　为了识别转向运动，助力转向装置控制单元中必须输入必要的信号。转向角速度越大，则泵的转速也越大，进而流量也越大（在不考虑车速的情况下）。助力转向装置传感器电路如图 6-48 所示。

（2）切换功能　当传感器失灵时，助力转向系统即进入程序设定的紧急运行状态。此时转向功能得以保证，但转向较重。

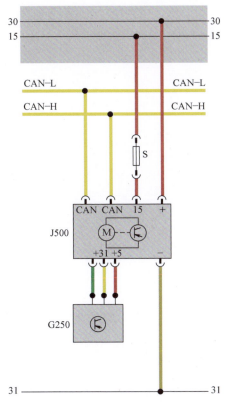

图 6-48 助力转向装置传感器电路

G250—助力转向装置传感器　J500—助力转向装置控制单元

（3）电容式传感器　如图 6-49、图 6-50 所示，固定在输入轴上的转子在 9 个小型平板电容器之间旋转。平板电容器的电容将由此而变化。传感器电子元件根据电容变化计算出助力转向装置控制单元所需的信号（转向角及转向角速度）。

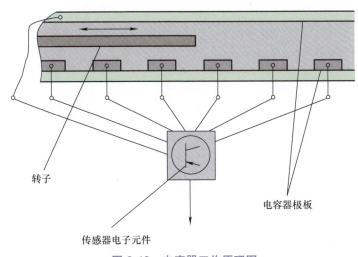

图 6-49 电容器工作原理图

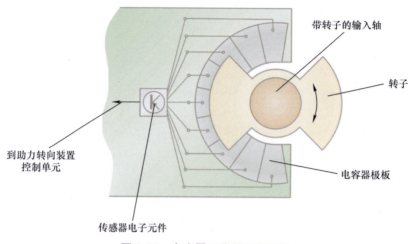

图 6-50　电容器工作原理平面图

3. 助力转向装置传感器 G250（KOYO 公司）

助力转向装置传感器 G250 位于转向传动装置输入轴的上端。它测定转向盘转角并算出转向角速度。它不是一个绝对角度传感器（转向盘角度与转向盘转过的角度成比例）。助力转向装置传感器 G250（KOYO 公司）电路如图 6-51 所示。

（1）信号处理　为了识别转向运动，助力转向装置控制器中必须输入必要的信号。转向角速度越大，则泵的转速也越大，进而流量也越大（在不考虑车速的情况下）。

（2）切换功能　当传感器失灵时，助力转向系统即进入程序设定的紧急运行状态。此时转向功能得以保证，但转向较重。

（3）霍尔式传感器原理　如图 6-52 所示，霍尔式传感器是一个电子控制开关。它由一个转子（带 60 块磁铁的磁环）、集成在传感器中的半导体层及霍尔集成电路所组成。在霍尔集成电路中，供电流流过半导体层。转子在空隙中旋转，通过转子中如此多的磁铁，可以测得一个非常精确的转向角。

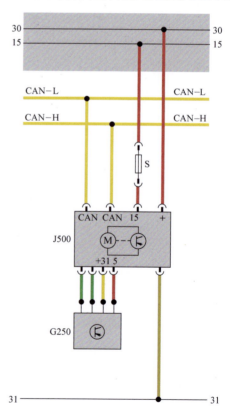

图 6-51　助力转向装置传感器 G250（KOYO 公司）电路
G250—助力转向装置传感器　J500—助力转向装置控制单元

第六章 转向系统执行器控制

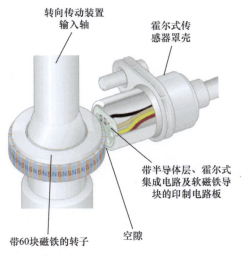

图 6-52 霍尔式传感器的结构

如图 6-53 所示,如果转子的磁铁直接位于霍尔集成电路的范围之内,这个位置称作磁栅栏。在这种情况下,霍尔集成电路内部的半导体层上会产生一个霍尔电压。霍尔电压的大小取决于永久磁铁之间的磁场强度。

如果转子相应的磁铁通过转动离开了磁栅栏,则霍尔集成电路的磁场将发生偏转,或者集成电路中的霍尔电压下降,且霍尔集成电路断开。

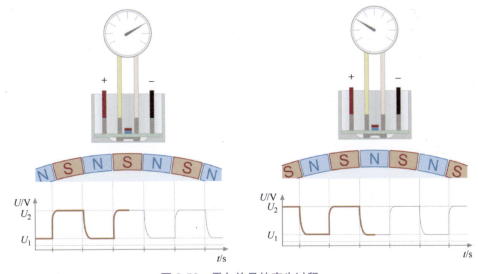

图 6-53 霍尔信号的产生过程

4. 转向角传感器 G85

转向角传感器 G85 通过 CAN 总线将驾驶人向左或向右转动转向盘的角度传送给 ABS J104 及转向角 J500 控制单元。

149

(1)信号处理 该信号协同车速及发动机转速一起来确定泵的转速,并进而确定流过助力转向装置控制单元 J500 的流量。

(2)切换功能 当传感器失灵时,助力转向系统即进入程序设定的紧急运行状态。此时转向功能得以保证,但转向较重。转向角传感器和助力转向装置联网电路如图 6-54 所示。

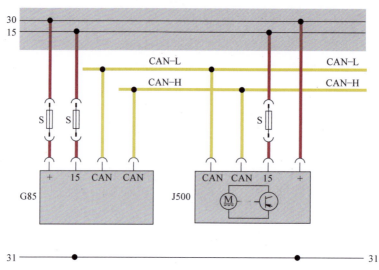

图 6-54 转向角传感器和助力转向装置联网电路
G85—转向角传感器 J500—助力转向装置控制单元

五、液压控制单元

液压控制单元结构如图 6-55 所示,与一般的助力转向系统相类似,在液压控制单元中有一根扭杆。它一方面与旋转分流阀相连,另一方面又与传动齿轮和控制套筒相连。

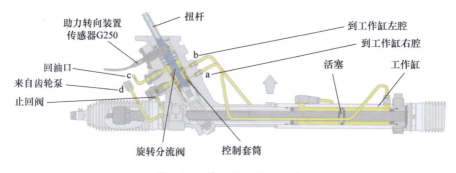

图 6-55 液压控制单元结构

1. 直线行驶

如图 6-56 所示,直线行驶时,扭杆处于旋转分流阀和控制套筒的中间位置。助力转向装置传感器测不出转向角速度。油液几乎是无压力地通过液压控制单元经回油道流回到储液罐。

旋转分流阀和控制套筒的控制槽位于中央位置，两者控制槽的相互作用使液压油可以进入工作缸的左右两腔，并能相应地经控制套筒的回油道回到储液罐。

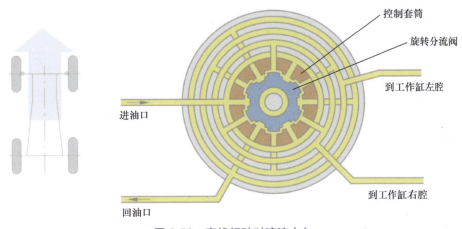

图 6-56　直线行驶时液流方向

2. 左转行驶

如图 6-57 所示，旋转分流阀通过扭杆的变形相对于控制套筒旋转，旋转分流阀的控制槽打开了通向工作缸右腔的高压油入口。高压油流入工作缸并协助完成转向运动。与此同时，旋转分流阀关闭通往左腔的进油口，并将与工作缸的左腔接通的回油口打开。

右腔的压力将油液从工作缸的左腔压回到回油道。当转向过程结束时，扭杆将旋转分流阀及控制套筒回转到中间位置。

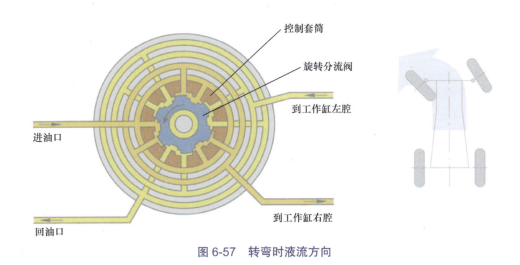

图 6-57　转弯时液流方向

六、检查油位

1. TRW 公司

如图 6-58 所示，用储油罐密封盖上的机油标尺检查油位。液压油冷却时，位置在下标记以下。液压油热时（发动机温度约从 50℃起），位置大约在上、下标记之间。

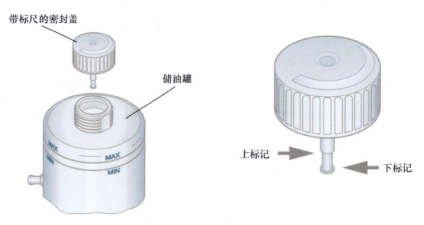

图 6-58　检查油位（TRW）

2. KOYO 公司

如图 6-59 所示，KOYO 公司转向系统也是用储油罐密封盖上的机油标尺检查油位。检查方法和 TRW 公司一样，但 KOYO 公司的机油标尺是扁的。可按如下步骤检查油位：

1）拧开密封盖。
2）用布擦干净机油标尺。
3）用手将密封盖拧紧。
4）拧开密封盖，看标尺上显示的油位。

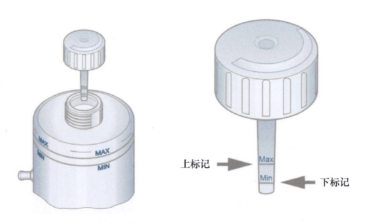

图 6-59　检查油位（KOYO 公司）

七、自诊断与故障检测

诊断结果的交流通过 CAN 进行。网关通过 CAN 将信号传输到 K 导线。自诊断功能与助力转向系统的电控部分有关。在车辆运行中，控制单元识别出故障，并将它存储在永久存储器中，即使供电不足，永久存储器也能保存这些信息。偶尔会有个别故障未能在永久存储器中储存。

1. 控制灯

车辆点火后，K92 控制灯亮，这时车辆进行内部检测。如果发动机起动及测试结束后控制灯依然亮着，则车辆内部可能有故障。故障可能存储于电控系统内。

2. 助力转向装置传感器自诊断

传感器被连接在自诊断系统中。助力转向装置控制单元存储传感器的故障。在功能 02 故障存储器访问中可以识别：接地后短路，接地后断/短路以及损坏等故障。

3. 转向角传感器的自诊断

更换控制器或传感器之后，必须重新校准零位。传感器被连接在自诊断系统中。助力转向装置控制单元存储传感器的故障。在"功能 02—故障存储器访问"中可以识别：转向角传感器没有信号、调整错误、机械故障、损坏以及不可信信号等。

4. 系统自诊断

点火后开始自诊断。自诊断可用 VAS 5051 进行（车辆诊断 - 检查 - 信息系统）。

第三节 奥迪 B8 动态转向系统

一、动态转向系统的特性

在传统的转向系统上，转向盘与转向器之间是以机械方式直接相连的。因此转向盘的转角与转向车轮的转角之间就存在这一个固定关系。通过转向器齿条和主动齿轮之间齿部的配合，就可以实现不同的传动比特性曲线了。

但是，一辆车上只能有一种传动比。在选择合适的传动比时，为了能使得不同的有时甚至是矛盾的要求尽可能地得到满足，那么所选择的传动比实际就是个折中方案。

1. 动态转向系统的优点

在图 6-60 中，水平虚线所示就是无动态转向系统的奥迪 A4 所用的传统助力转向系统传动比特性曲线。

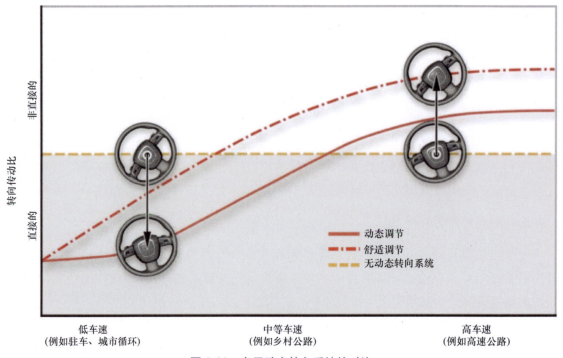

图 6-60 有无动态转向系统的对比

奥迪 A4 的动态转向系统一般可以实现两条可变的特性曲线（分别为舒适型的和运动型的，见图 6-60 中的两条特性曲线）。驾驶人可以选择自己所需要的特性曲线。转向传动比和相应车速的关系可以很清楚地看出来。

如图 6-61 所示，可变特性曲线是通过另加的一套电动机械式驱动装置来驱动转向器主动齿轮而实现的，这套驱动装置与驾驶人的转向动力是并行存在的。在紧急情况下，如果这套驱动装置失灵了，那么转向系统仍可当成普通的转向系统来使用。

动态转向系统与 ESP 及其传感器一同协作，在危险的临界行驶状态时也会发挥作用。由于前轮回转大小可以有针对性地改变，所以动态转向系统在动态行驶的临界范围可以支持 ESP 的工作。因此动态转向系统具有以下两个主要优点：

第一：由于制动和转向同时介入，车辆的整体稳定性能得到了提高，也就是主动安全性明显提高了。尤其时在车速很高时（>100km/h）作用更明显。

第二：在少数极限行驶状况下，可以部分或完全放弃制动的介入，这可使车辆稳定过程更和谐、更舒适。

第六章 转向系统执行器控制

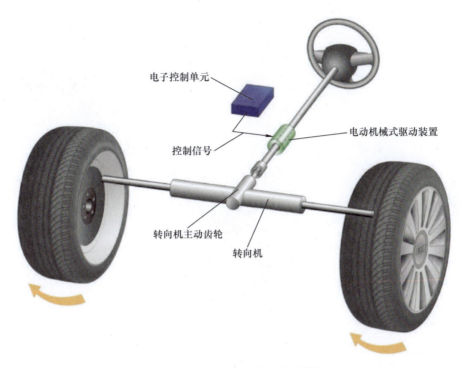

图 6-61 动态转向系统的作用机理

与只通过制动介入来稳定的车辆相比，在低摩擦路面（例如雪地）上行驶时，使用动态转向系统的车辆通过减少制动介入，能更快地达到相同的稳定状态。在车辆过度转向和不足转向时，以及车辆在不同摩擦系数路面上制动时，ESP 都可以获得动态转向系统的帮助。

2. 车辆过度转向与不足转向

（1）过度转向的车辆　在车辆过度转向时，ESP 与动态转向系统一同来稳定车辆。这个稳定过程是通过一个有针对性的反转向来实现的，可以避免车尾的"甩动"。车辆容易进入过度转向的一个典型情形是车辆快速变换车道。

在转回新车道时，车尾容易甩动（尤其是在车速很高时）。大多数情况下，驾驶人都是实施反转向过迟或者根本就没有实施这个反转向。这就导致 ESP 制动的强力介入。

（2）不足转向的车辆　在不足转向时，转动的前轮会迫使车辆驶向道路的外缘。这种行驶状态的特点是：尽管增大了转向盘转角，但侧滑阻力降低了，由此导致转弯半径增大。

二、基本结构功能

如图 6-62 所示，转向系统内集成了一个并行的（叠加的）转向机（执行元件）。转向盘和前桥之间的机械式耦合器总是通过这个并行的转向器来保持接合。在系统出现严重故障时，这个并行转向器的电动机轴就被锁住了，这样可避免功能失误。动态转向系统控制电路如图 6-63 所示。

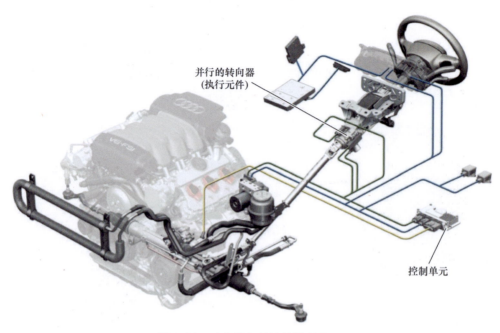

图 6-62 动态转向系统的控制原理

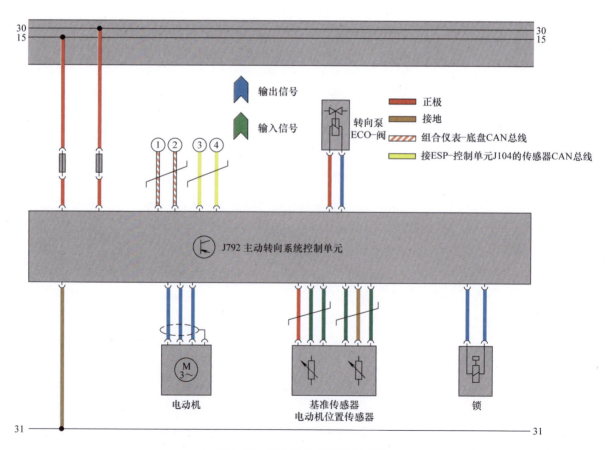

图 6-63 动态转向系统控制电路

如图 6-64 所示，控制单元会计算出转向角应该增大还是应该减小了。这个控制单元会操纵一个电动机，这个电动机会驱动并行转向机来工作。车轮总转向角是这个并行转角与驾驶人在转向盘上施加的转角之和。并行转角可以通过驾驶人施加的转角而增大，通过驾驶人施加的转角而减小，以及在驾驶人未操纵转向盘时就能实现转角。

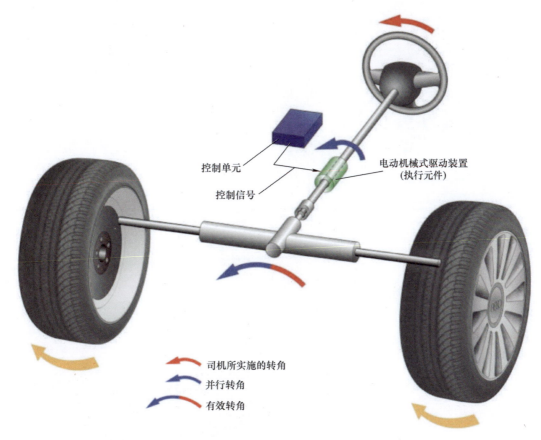

图 6-64 动态转向系统的作用示意图

三、主动转向系统控制单元

该控制单元位于驾驶人脚坑处的座椅横梁前。它具有两个功能。

（1）基本功能　如图 6-65 所示，该控制单元用于计算出并行转角，以便实现可变转向传动比。一般是根据车速和驾驶人所实施的转角来确定的。只要系统无故障，这个调节过程就一直在进行着。

（2）辅助功能　具有稳定作用的介入，ESP 控制单元通过稳定功能来计算出动态行驶时所期望的转向角校正值。这些校正值通过组合仪表 - 底盘 CAN 总线被传送给控制单元 J792（图 6-66）。控制单元 J792 将相应的校正值加到计算出的并行转角中，于是作用到车轮上的就是经过校正的转向角了。

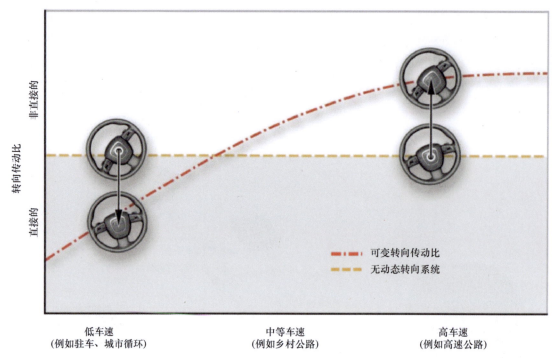

图 6-65 主动转向系统不同车速的调节示意

有一个安全系统用于监控控制单元的这个校正功能，这个安全系统可以判断出有可能导致执行元件误动（可能影响安全）的所有故障。具体会根据故障情况来采取相应措施，从关闭部分功能直至完全关闭系统。该控制单元不参与15号线CAN总线延时。该控制单元通过一个集成的温度传感器来监控，切断极限值为100℃。

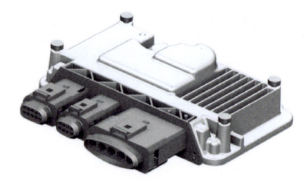

图 6-66 主动转向系统控制单元 J792 外形

四、执行器

1. 齿轮装置

如图 6-67 所示，转向角的校正是通过执行元件带动转向主动齿轮转动而实现的。这个执行元件由一个轴齿轮组成，这个轴齿轮用一个电动机来驱动。这套齿轮装置尤其适用于将较快的转动（例如电动机）转换成很慢的转动时。两个齿数不同的齿轮相啮合。在装备了动态转向系统时，由电动机直接驱动的齿轮有100个齿，输出齿轮是102个齿。

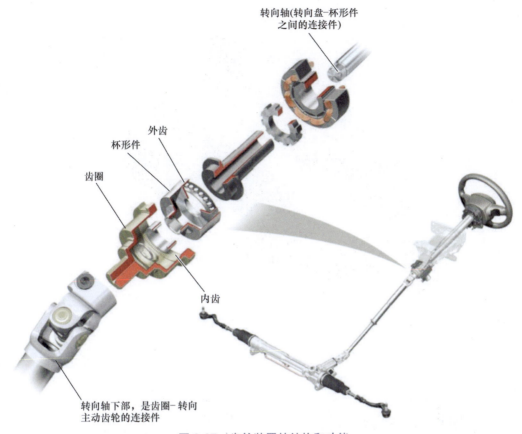

图 6-67 齿轮装置的结构和功能

在动态转向系统上，与转向盘直接相连的转向轴也与转向主动齿轮相连。这个连接是通过齿轮来实现的。杯形件与转向轴上部（它也直接与转向盘相连）通过花键实现无间隙连接。这个杯形件外形像个盆，壁薄而有弹性。这个壁上装有 100 个齿的外齿。

与之配对使用的是一个内齿圈，齿数为 102 个。这个齿圈与转向轴下部从而也就与转向主动齿轮刚性连接。如果驾驶人转动了转向盘，那么杯形件与齿圈就像轴与轮毂那样运动了，转动动作就传递下去。这个工作模式与普通转向器是一样的。

如图 6-68 所示，转向轴上部装有一根空心轴，这个空心轴独立地在执行元件壳体内转动。这个空心轴由一个电动机直接驱动。为此，电动机的转子在一侧与空心轴连接在一起。空心轴的另一侧与滚动轴承的内圈连接在一起。这个内圈并不是个精确的圆形，它给滚珠提供的是一个离心的（椭圆）轨道。

如图 6-69 所示，轴承外圈是弹性钢圈，轴承内圈的离心外形可以传递到外圈上。杯形件通过较松的过盈配合装在轴承外圈上。杯形件的弹性壁也会跟随轴承的离心外形进行变形。由于具有离心设计，所以杯形件的外齿并不是在整个圆周上都与齿圈的传统（圆的）内齿相啮合。

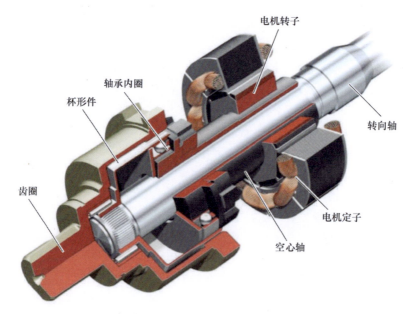

图 6-68　空心轴的结构

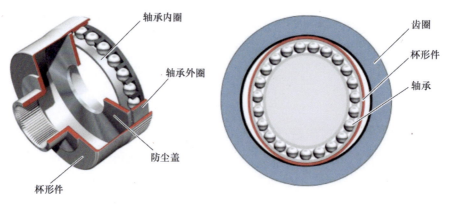

图 6-69　轴承的结构

如图 6-70 所示，如果电动机工作了，那么空心轴就被驱动起来了。滚动轴承内圈就在转动，于是离心形状就随着这个转动而转动。由于杯形件的齿数与齿圈齿数不同，那么在啮合时，杯形件的一个齿就无法精确地与齿圈上的齿槽啮合。杯形件的齿在侧面是呈错开状压到齿圈的齿侧上的。

于是齿侧上就作用有一个力，这会导致齿圈产生一个极小的转动。在电动机工作时，由于离心率的"转动"，所有的齿在整个圆周上都会暂时出这种错开啮合现象。齿圈就会连续转动，那么与之相连的转向主动齿轮也在转动。车轮的转动就会发生变化。这个过程可实现电动机转速 - 转向转动齿轮之间约为 50∶1 的减速比。

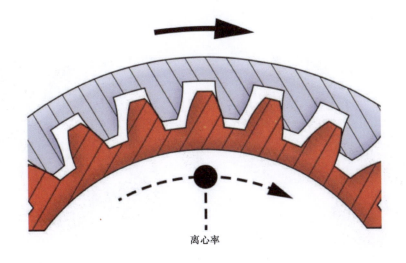

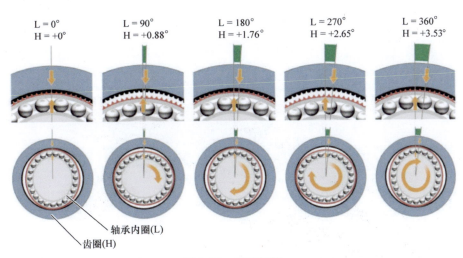

图 6-70 工作过程

2. 电动机

如图 6-71 所示,采用的是永久激励型的同步电动机。其转子与空心轴固定在一起,该转子由 8 个磁极可变的永久磁铁构成。如图 6-72 所示,定子由 6 个线圈组成。线圈布置在执行元件壳体内,由控制单元来进行触发控制。屏蔽线插在执行元件壳体上。

电动机采用三相交流电压来工作。因此在固定不动的线圈周围建立了可转动的磁场。这个交变磁场的力作用在空心轴上转子的永久磁铁上,转子就会转动。这种电动机的主要优点是反应快。对于起稳定作用的转向介入来说,针对控制状况的变化必须作出快速反应。

3. 动态转向锁

为了能在系统失灵时保证系统回到原来的状态,可以通过机械方式将动态转向锁锁止。在正常工作状态下,只要关闭发动机,转向锁就会锁止。

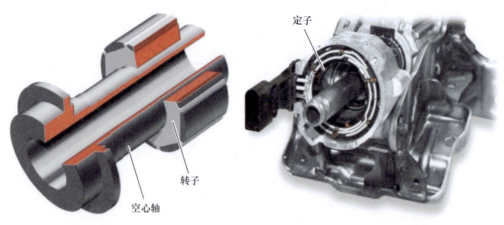

图 6-71 电动机转子与空心轴的连接　　　　图 6-72 定子的结构

发动机起动后会将动态转向系统开锁，可以听到开锁时的一声"咔哒"声。锁止是通过一块电磁铁来完成的，这个电磁铁用螺栓拧在齿轮箱的壳体上。动态转向锁的结构图 6-73 所示。

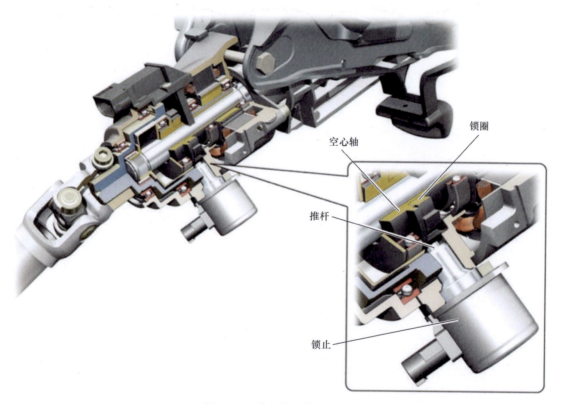

图 6-73 动态转向锁的结构

如图 6-74 所示，电动机驱动的空心轴上装有一个圈，其外侧有很多缺口。当齿轮锁止时，电磁铁的圆筒状推杆就会进入到这些缺口中。于是空心轴就被卡住了，电动机就无法驱动离心轴承转动了。不通电时，推杆就将动态转向系统锁住了，这时压力弹簧会将推杆顶在止点挡块处。

如果控制单元 J792 通过单独的导线激活了电磁线圈，那么推杆就会顶着弹簧力向电磁线圈方向运动。于是推杆就脱离缺口，于是就松开了空心轴即动态转向机构。

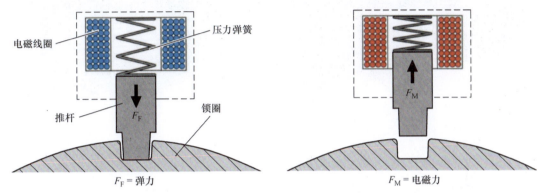

图 6-74 动态转向锁的工作过程

五、传感器

1. 电动机位置传感器

空心轴的位置和轴承的离心由一个电动机位置传感器（图 6-75）来感知。这个传感器就是空心轴上的磁圈。这个磁圈由八个电极组成。其磁场由一个传感器来感知，这个传感器上有三个霍尔元件。

电动机每转 15°（相当于转向盘转 3°），就产生一个信号，该信号经单独的导线被送往控制单元 J792。在关闭点火开关时，控制单元 J792 内会存储当前的位置信息。在 30 号线突然断电时，通过基准传感器来识别零位。

2. 基准传感器

转向盘每转一圈或者执行元件输出轴每转一圈，基准传感器就输出一个信号。这个信号用于评定转向器的中间位置以及完成故障后的初始化。使用的是磁性预紧的霍尔式传感器。基准传感器和电动机位置传感器共同装在一个壳体内（图 6-76）。如图 6-77 所示，输出侧齿圈外面的一个缺口就供传感器使用。这个缺口在基准传感器的霍尔式传感器上产生一个矩形信号。

图 6-75 电动机位置传感器

图 6-76 基准传感器

图 6-77 基准传感器缺口位置

3. ESP 传感器 G419 和 ESP 传感器 2–G536

如图 6-78 所示,装备有动态转向系统的车辆使用两个 ESP 传感器。这两个传感器的功能和结构是相同的,功能正常时传递的都是相同的偏摆率和横向加速度信号。从外表看,这两个传感器的区别在于插头的不同。这种双传感器结构设计是为了防止误操作的,这种误操作是由传感器信号而引起的。这两个传感器信号采用同一个信号曲线来校验。

这两个传感器通过传感器 CAN 总线来与 ESP 控制单元及主动转向系统控制单元 J792 相连接。ESP 控制单元使用这两个传感器信号来计算所需要的并行转向角,以便去稳定车辆。这两个传感器安装在驾驶人座椅下。

4. 转向角传感器 G85

一个必不可少的输入信号就是当前的转向角了。计算所需要的并行转向角以便来实现可边转向比要用到转向角信号,计算所需要的并行转向角以便使车辆稳定也要用到转向角信号。因此转向角信息就由两个控制单元 J104 和 J792 来读取。转向角传感器(图 6-79)设计成冗余结构。传感器测得的值被送到组合仪表 - 底盘 CAN 总线上。

图 6-78 ESP 传感器 G419 和 ESP 传感器 2-G536

图 6-79 转向角传感器 G85

六、动态转向系统的基本设定

如图 6-80 所示，通过基本设定，主动转向控制单元就会获知转向角传感器的测量值（转向盘位置）、电动机位置传感器信号（离心位置）以及基准传感器信号（转向器主动齿轮的位置）。

各个传感器信号彼此间的相互匹配是在生产厂家新车上就完成了的。这个基本设定过程是初始化的先决条件，也是在平坦路面上直线行驶时转向盘能保持在水平状态（不倾斜）的前提条件。进行基本设定时，要非常小心。

图 6-80　动态转向系统的基本设定

售后服务中，在安装新的主动转向控制单元 J792，安装新的转向柱，安装新的转向角传感器 G85，或者对转向角传感器进行校准、修改了车轮定位值等情况下，需要进行基本设定。

七、故障显示与故障后的初始化

1. 故障显示

转速表上有一个指示灯，它用来作为动态转向系统的功能显示和故障显示。另外，中央显示屏上还有文字显示。在接通点火开关时，该指示灯会进行自检。该指示灯一直亮着，直至发动机起动。只有在发动机运转时，动态转向系统才能解锁来工作。

故障的严重程度不同，系统反应也不同。控制单元是这样设计的：它要使得系统受到尽可能小的影响而继续工作。每个可能且可以诊断出的故障情况都准确对应着某个系统功能限制。

2. 初始化

动态转向系统的结构要求是这样的：尽管可以采用电动机械式调节机构，但是转向盘和转向主动齿轮之间仍有永久式的机械连接部分。在关闭了动态转向系统后，也可以通过转向盘来转动车轮（例如在举升机上进行修理时）。在这样的转向过程中就没有动态转向系统的转向角叠加部分了，也就不采用可变特性曲线了。

在下次系统起动时（也就是起动发动机），前轮转角对应的就不是可变特性曲线规定的转角了（这个转角对应着转向盘转角）。初始化的任务就是查明与规定值的偏差，并实现所要求的转向角叠加，以便再次形成前轮的正确转角。

3. 故障后的初始化

如图 6-81 所示，如果出现严重故障，那么主动转向系统控制单元就无法在关闭点火开关时可靠地存储电机位置传感器信号了,这时就使用一种专门的初始化规程了这时的初始化过程使用的是基准传感器信号,该传感器发出的是转向器处于中间位置的信号。

通过基本设定,主动转向控制单元就会获知转向角传感器的测量值(转向盘位置)、电机位置传感器信号(离心位置)以及基准传感器信号(转向器主动齿轮的位置)。使用基准传感器脉冲和转向角传感器位置信号,电机就可以重新初始化了。随后,"正常的"初始化规程会与可能斜置的转向盘进行同步。

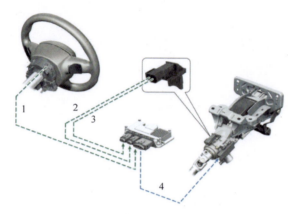

图 6-81 故障后的初始化示意

1—转向角(转向盘位置) 2—电动机位置(离心位置) 3—基准脉冲(转向器主动齿轮的位置) 4—电动机控制

第七章 制动系统执行器控制

第一节 机电式驻车制动器

过去,为了能够确保驻车成功,驾驶人必须用力拉驻车制动杆或用力踩脚部空间里的辅助制动踏板,现在只需要轻轻按仪表板上的开关就可以进行。这是因为在迈腾或奥迪 A8 等车型中安装的电控机械式驻车制动器替代了常规的驻车制动器。

电控机械式驻车制动器不仅仅在驻车时提供辅助,在山路行驶时,通过它的智能操作,能够确保车辆能安全制动并且保持一个必需的停顿。电控机械式驻车制动器也叫作电控驻车制动器(EPB)。机电式驻车制动器的结构框图如图 7-1 所示。

一、操纵和显示

如图 7-2 所示,中央副仪表板上的按钮开关 F234 就是用来操纵驻车制动器的。拉出这个按钮开关,驻车制动器就处于工作(拉紧)状态。要想松开驻车制动器(不工作),在按下该按钮时要踏下制动踏板或加速踏板。

图 7-1 机电式驻车制动器的结构框图

图 7-2 机电式驻车制动器的按钮开关

 **注意**

机电式驻车制动器也可在关闭了点火开关后,拉出这个按钮开关来使之处于工作状态。但是要想松开驻车制动器(不工作),只有接通点火开关才行。

如图 7-3 所示,驻车制动器处于工作状态时,由组合仪表上的驻车制动显示标志和开关内的指示灯来指示。

驻车制动显示

图 7-3 机电式驻车制动器不同工作状态的指示灯显示

二、系统部件

1. 控制单元 J540

如图 7-4 所示,控制单元 J540 安装在行李舱右侧蓄电池的下方。从蓄电池开始,驻车制动左、右电动机 V282/283 是单独控制的。在控制单元 J540 内装有两个处理器,驻车制动器松开的命令要由这两个处理器共同执行。数据的传送是通过驱动 CAN 总线进行的。该控制单元内还有一个微型倾斜角传感器。

图 7-4 机电式驻车制动器控制单元 J540

2. 驻车制动左、右电动机 V282/283

（1）结构　如图7-5所示，制动摩擦衬块的收紧是通过一根螺杆的带动来实现的。螺杆上的螺纹是可以自锁的。螺杆由斜轴轮盘机构来驱动。斜轴轮盘机构由一个直流电动机来驱动。斜轴轮盘机构和直流电动机通过法兰固定在制动钳上。

（2）工作过程　如图7-6所示，要想实现驻车制动功能，就必须得将电动机的旋转运动转换成制动活塞的一个非常小的直线往复运动。这就需要斜轴轮盘机构与螺杆驱动相结合才能实现这个功能。

图7-5　驻车制动左、右电动机

这个运动转换过程包括：第一步是"慢减速"（1∶3），这一步由电动机-齿轮机构输入端上的齿型传动带来完成。第二步由斜轴轮盘机构来实现。齿轮机构的输出端减速比可达147（与电动机的转速相比）。

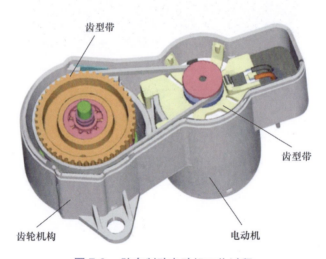

图7-6　驻车制动电动机工作过程

如图7-7所示，通过一根螺杆来驱动制动活塞，这样就将旋转运动转换成往复直线运动了。螺杆直接由斜轴轮盘机构来驱动。制动活塞内装有一个气缸，该气缸可在轴向滑动。两个平面可防止气缸转动。在气缸尾部加粗的部分上装有一个压紧螺母。

螺杆的旋转运动会带动压紧螺母在螺杆上进行移动。电动机的转动圈数由一个霍尔式传感器来测量。于是活塞的往复直线运动就可由控制单元计算出来。

第七章 制动系统执行器控制

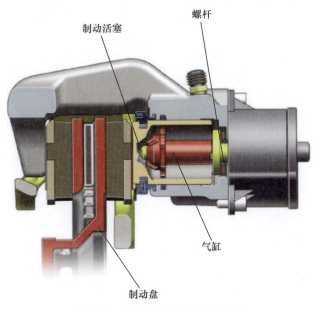

图 7-7 驻车制动电动机的结构

1）驻车制动器拉紧。如图 7-8a 所示，螺母在螺杆上向前运动，于是气缸与活塞就接触了，气缸和活塞都被压靠在制动盘上。

2）驻车制动器松开。如图 7-8b 所示，螺母在螺杆上向前运动向回旋转，于是气缸卸荷，密封圈在恢复原状时会将活塞向回推，于是就松开了制动盘。

（3）斜轴轮盘机构的工作原理 如图 7-9 所示，输入齿轮上安装有一个斜盘，该斜盘上带有圆锥形花键，斜盘与输入齿轮不是轴向平行的。因此在输入齿轮转动时，该斜盘会呈摆动状态。斜盘通过键槽固定在减速器壳体内，它不能自由转动。

如图 7-10 所示，斜盘上有 51 个齿，输出齿轮有 50 个齿。通过这个所谓的"分度误差"，斜盘的齿就总是与输出齿轮的齿面相接触，而决不会进入齿槽。因此，输出齿轮就会多转动一个小角度。

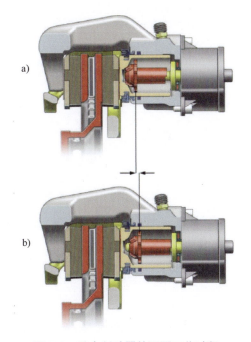

图 7-8 驻车制动器的不同工作过程
a）拉紧 b）松开

如图 7-11 所示，输入齿轮转一圈，输出齿轮和斜盘上各有两个齿轮啮合在一起。由于斜盘的摆动，第二对齿轮副（位置 2）在斜盘转了半圈后才啮合，输出齿轮在位置 1 会多转一点，这就使得在位置 2 时，斜盘的齿还是与输出齿轮的齿面相接触。这个运动一直进行下

171

去的结果是：输出齿轮及与它相连的螺杆每转半圈时，就会多转半个齿宽。

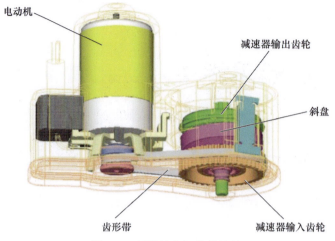

图 7-9　斜轴轮盘机构的结构

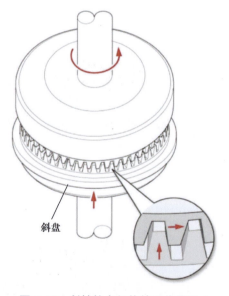

图 7-10　斜轴轮盘机构的工作原理 1

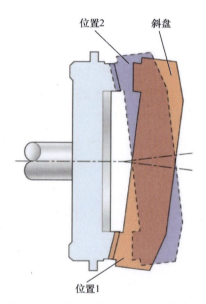

图 7-11　斜轴轮盘机构的工作原理 2

三、机电式驻车制动器的功能

机电式驻车制动器的功能包括驻车制动功能、动态紧急制动功能、自适应起步辅助功能以及制动摩擦衬块磨损识别和间隙校正功能。

1. 驻车制动功能

系统设定的夹紧力可以满足所有的行驶工况，如果夹紧力的增幅超过 30%，那么组合仪表中央会出现文字信息来提醒驾驶人。按键开关内和组合仪表内的指示灯会指示驻车制动是否正在工作。

在车辆停止时，如果制动摩擦衬块冷却下来了，驻车制动器会自动再紧一些。因此控制单元就会通过其内部的一个模拟曲线来不断地判定制动盘当前的温度。

2. 动态紧急制动功能

拉出按键开关 F234 就可以对车辆进行制动，最大减速度可达 $8m/s^2$。操作过程与手制动杆的操作是一样的。只要拉出这个按键开关，就会对车辆实施制动。松开这个开关后，制动过程终止。如图 7-12 所示，如果车速超过 8km/h，那么由 ESP 来实施制动过程。加速踏板还处于踩下状态时，发动机转矩会被减至怠速状态，同时 ESP 会在所有四个车轮制动器中建立起制动压力。如果巡航系统（GRA）正在工作的话，它会被终止工作。

当车速低于 8km/h 时，如果操纵这个开关，那么驻车制动器就会拉紧（处于工作状态）。为了避免误操作（例如由副驾驶人而产生的），只要又踩下了加速踏板，那么紧急制动功能就会被立即终止。

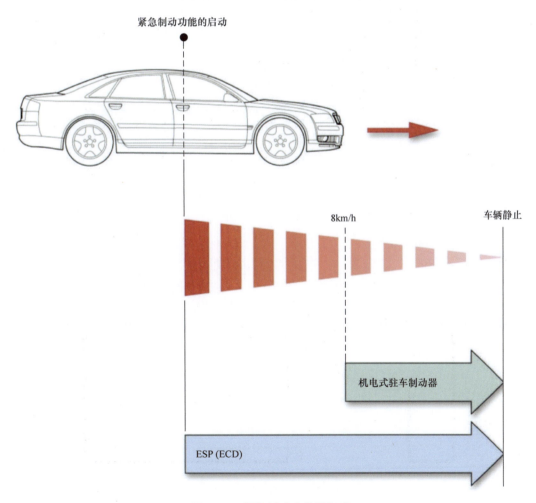

图 7-12　紧急制动功能的起动

3. 自适应起步辅助功能

如图 7-13 所示，该功能可以使车辆在斜坡上平稳起步（不耸车）且可保证不会出现溜车现象。只有在系上安全带后，才可使用该功能。车身倾斜角由控制单元内的一个传感器来测量。另外，在工作时还会考虑到发动机转矩、加速踏板位置以及所选择的档位。

以上所列的这些参数就决定了在车辆起步时，驻车制动器在哪一时刻松开。车身倾斜角传感器和起步参数时刻都在进行自动校准。每次在水平路面上起步时，都会对加速状况作出评估，并与存储在控制单元内的参数组进行比较，以便进行调节。在售后服务过程中可以关闭这个功能，但驾驶人无法关闭这个功能。

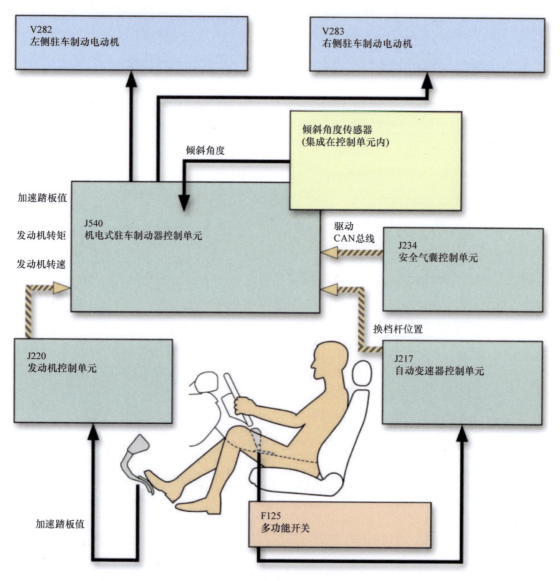

图 7-13　起步时功能的协调控制

4. 制动摩擦衬块磨损识别和间隙校正功能

制动摩擦衬块的厚度值会定期（每行驶 500km）在车辆静止且驻车制动器不工作时自动获取。获取制动摩擦衬块的厚度值的过程是这样的：制动摩擦衬块离开零位（终点位置）顶住制动盘，控制单元根据霍尔式传感器的测量值计算出制动摩擦衬块的行程，即可得知制动摩擦衬块的厚度值。

只有在车辆已停住、点火开关已锁定且驻车制动器未工作时才进行这种测量。如果驾驶人经常使用驻车制动器，那么制动摩擦衬块磨损的测量精确度就可能不如很少使用驻车制动器的情况。

四、专用的系统功能

1. 制动摩擦衬块更换模式

更换制动摩擦衬块需要使用 VAS5051 在驻车制动器未工作时来进行。在基本设定功能 5 中，螺杆会将气缸完全收回。在制动活塞复位之后，就可以用 VAS T10145 来更换制动摩擦衬块。在基本设定功能 6 中，气缸又与活塞接触了。在自适应功能 6 中输入制动摩擦衬块厚度值。

2. 道路适应性模式

要想检查驻车制动器的功能，就必须在制动试验台上进行可计量的制动。当后轮在制动试验台的辊子上以 3~9km/h 之间的一个恒定速度转动 3s 后，就可以识别出道路适应性模式，前提条件是 15 号接线柱必须接通。驻车制动器的工作特性由控制单元来修改：每次操纵开关，活塞就运动确定的一小段距离，制动器也就拉紧了一点。

3. 紧急松开

当驻车制动器处于拉紧状态时，如果电控功能失效或驻车制动器部件出现机械故障，那么可以通过机械方式来松开制动器。为此在随车工具中有一把应急用的钥匙。用千斤顶将车顶起，卸下相应的车轮。

如图 7-14 所示，应急用的钥匙 Torx 端用于拆下制动钳中的执行元件，钥匙的另一端可以转动螺杆，直至制动器松开。

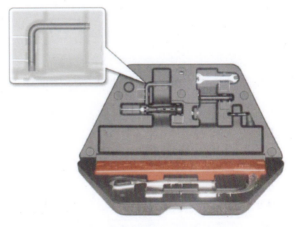

图 7-14 随车工具中应急用的钥匙

五、故障显示与诊断

如图 7-15 所示,如果没有按规定拉紧驻车制动器,那么这个显示符号就会持续闪烁;如图 7-16 所示,如果这个符号是在操纵了按键开关 F234 后开始闪烁的,就表明导线有故障。控制单元识别出了对功能有所限制的故障。当出现如图 7-17 所示符号时,表示出现系统故障,出于安全考虑,不要再继续行驶了。

图 7-15 没有按规定拉紧驻车制动器符号持续闪烁

图 7-16 识别出对功能有所限制的故障

图 7-17 出现系统故障

第二节 轮胎压力监控系统

一、轮胎压力监控系统功能

轮胎压力监控系统连续监测车辆行驶以及静止时的轮胎压力,大众辉腾轮胎压力监控系统的电路结构图 7-18 所示,辉腾中使用的轮胎压力监控系统是一个 5 轮系统(图 7-19)。备用轮胎也受到监控,其状态包含在系统信息中。

测量与发送单元安装在各个轮胎气门嘴中,它们以一定的周期给安装在车轮室中的天线发送无线电信号。随后这些信号被送到轮胎压力监控系统控制单元。

控制单元评估轮胎压力及其变化,并将相应的系统信息发送给组合仪表。随后这些系统信息出现在驾驶人信息系统显示屏上。若驾驶人在主信息显示和操作单元(ZAB)中选择了"Vehicle"(车辆)菜单,将显示轮胎压力监控系统的系统信息。该系统能识别以下状态:

第七章 制动系统执行器控制

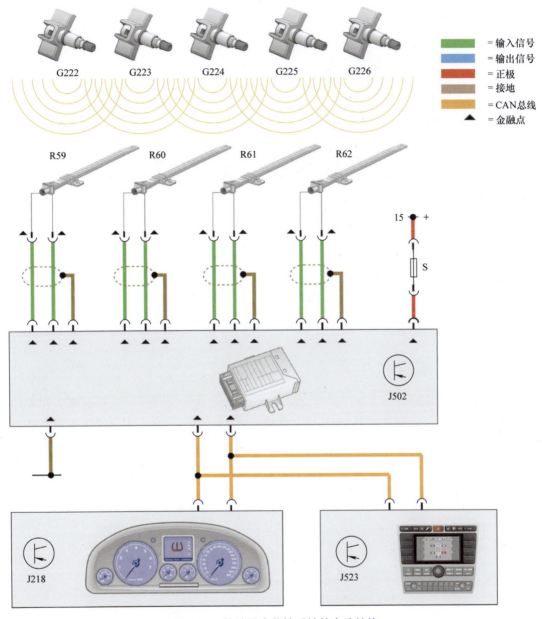

图 7-18 轮胎压力监控系统的电路结构

G222—左前轮胎压力传感器　G223—右前轮胎压力传感器　G224—左后轮胎压力传感器
G225—右后轮胎压力传感器　G226—备用轮胎压力传感器　J218—组合仪表中的组合处理器
J502—轮胎压力监控系统控制单元　J523—主信息显示与操作单元　R59—轮胎压力监控系统天线，左前
R60—轮胎压力监控系统天线，右前　R61—轮胎压力监控系统天线，左后　R62—轮胎压力监控系统天线，右后

1）压力逐渐损失：系统及时通知驾驶人以便纠正轮胎压力。

2）压力突然损失：系统立即警告驾驶人。

3）车辆静止时压力损失过快：在起动后系统立即警告驾驶人。

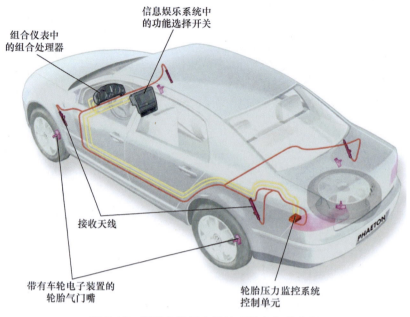

图 7-19　辉腾轮胎压力监控系统各部件布置

二、轮胎压力传感器

1. 轮胎压力传感器

轮胎压力传感器是拧入金属气门嘴的，在更换车轮或轮辋时可以重新使用。轮胎压力传感器中集成了图 7-20 所示部件：压力传感器监测轮胎的实际充气压力（绝对压力测量）。然后压力被送到轮胎压力监控系统控制单元进行评估。温度信号一方面用于补偿轮胎中由于受到温度影响而发生的压力改变，另一方面用于诊断。轮胎压力监控系统控制单元执行温度补偿，将温度为 20℃时所测得的轮胎充气压力作为标准值。

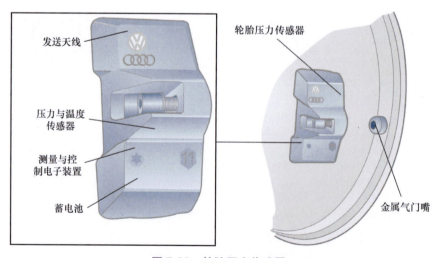

图 7-20　轮胎压力传感器

该压力传感器、温度传感器以及测量与控制电子装置都集成在一个智能传感器中。当驾驶人选择"Store pressures"（存储压力）后，将20℃的轮胎充气压力作为标准值。为了避免设置错误，要特别注意在轮胎处于冷态的情况下检查、修正和存储轮胎充气压力。

轮胎压力传感器的发送天线（图7-21）发送的信息包括：单独的身份识别码（ID码），当前的轮胎充气压力（绝对压力），当前轮胎空气温度、一体式电池状况以及保证数据传输所必需的状态、同步化与控制信息。

2. 轮胎压力传感器ID码

如图7-22所示，每个轮胎压力传感器具有一个单独的身份识别码（ID码），用于识别自己的车轮。

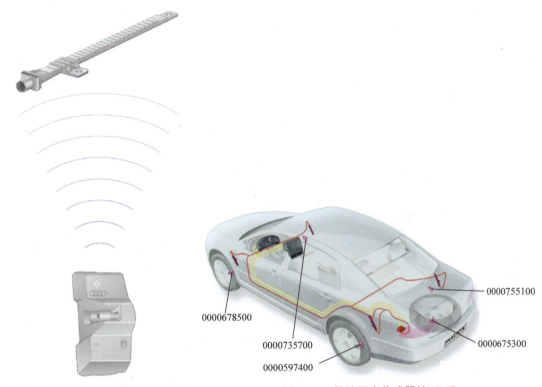

图7-21　轮胎压力传感器的发送天线　　　图7-22　轮胎压力传感器的ID码

三、轮胎压力监控天线

如图7-23所示，轮胎压力监控天线R59-R62，位于车轮罩后面的车轮室中。轮胎压力监控天线接收来自轮胎压力传感器的无线电信号，并将这些信号发送给轮胎压力监控系统控制单元以做进一步处理。轮胎压力监控系统有4个监控轮胎压力的天线。它们位于车轮罩后面的左前、右前、左后、右后车轮室中。它们用高频天线馈线连接到轮胎压力监控系统控制单元上，并按照它们的位置分配给控制单元。

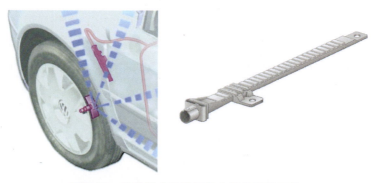

图 7-23　轮胎压力监控天线安装位置及天线

天线接收在其接收范围和频率范围内的所有无线电发射信号。每个天线接收范围内的所有车轮传感器的无线电信号。控制单元过滤并选择无线电信号，以便处理正确的信息。

> **注意**
>
> 备用车轮没有单独分配的天线。天线接收备用车轮发射的无线电信号（数据信息）并将此信号传送到轮胎压力监控系统控制单元。控制单元使用自己的车轮和位置识别，识别并存储"第五车轮"为备用车轮。

四、轮胎压力异常警告

1. 轮胎压力的弱警告和强警告

如图 7-24 所示，对于轮胎缓慢的压力损失，车轮电子装置每 54s 发送一次数据信息。如图 7-25 所示，若车轮电子装置检测到一个突然的压力变化（> 0.2bar/min），它将会以 850ms 的周期发送信号。

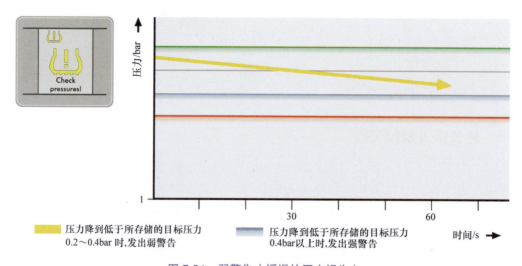

■ 压力降到低于所存储的目标压力 0.2~0.4bar 时，发出弱警告　　■ 压力降到低于所存储的目标压力 0.4bar 以上时，发出强警告

图 7-24　弱警告（缓慢的压力损失）

第七章 制动系统执行器控制

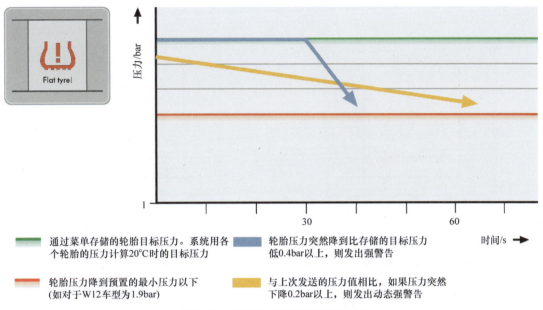

— 通过菜单存储的轮胎目标压力。系统用各个轮胎的压力计算20℃时的目标压力
— 轮胎压力降到预置的最小压力以下（如对于W12车型为1.9bar）
— 轮胎压力突然降到比存储的目标压力低0.4bar以上，则发出强警告
— 与上次发送的压力值相比，如果压力突然下降0.2bar以上，则发出动态强警告

图 7-25　强警告（突然的压力损失）

若驾驶人给轮胎充气并达到动态行驶的临界压力时，系统也会发出警告。一个车轴上的目标压力差不应超过0.4bar。两个车轴上的目标压力差不应超过0.5bar。若备胎的压力降到比存储的目标压力低0.4bar以上时，也会发出一个弱警告。

2. 组合仪表（中央显示器）中的警告符号

仪表中的小符号一直显示。大符号只有在"Tyre pressure monitor"（轮胎压力监控系统）菜单打开后才能显示。而后又在打开其他菜单时消失。大符号的显示内容如图7-26～图7-30所示。

图 7-26　自学习阶段的显示

图 7-27　关闭时的显示

图 7-28　无线电故障时的显示

181

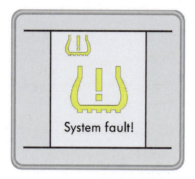 

图 7-29 系统故障时的显示　　　　图 7-30 车轮故障时的显示

五、正确设定被监测的轮胎压力

驾驶人负责正确设定被监测的轮胎压力。当"Vehicle"（车辆）功能键（图 7-31）被按下后，主信息显示与操作单元（ZAB）显示屏上显示轮胎压力监控系统主菜单（图 7-32）。打开/关闭轮胎压力监控系统，打开/关闭备用车轮监测，充气信息以及采用的当前压力等功能被存储。根据不同系列车型，驾驶人可以规定并设置要监测的轮胎压力限制范围。

在按下"Adopt current tyre pressures"（采用当前轮胎压力）功能键并确认压力后，系统为各个 ID 存储在当前轮胎内温度下的当前轮胎充气压力。按下此键后，也会起动新的车轮分配自学习过程。为了避免自学习时接收外部车轮电子装置的信号，系统只有在车速大于 5km/h 时才进行自学习。大约行驶 15min 后结束自学习过程。

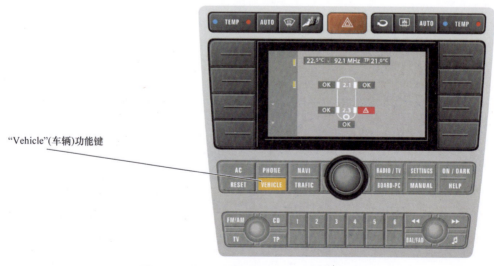

图 7-31 "Vehicle"（车辆）功能键的位置

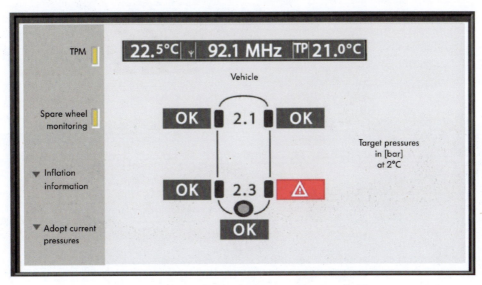

图 7-32　带右后强警告的轮胎压力监控系统主菜单

TPM—轮胎压力监控　Spare wheel monitoring—备用车轮监视　Inflation information—充气信息
Adopt current pressures—采用当前压力　Vehicle—车辆　Target pressures in [bar] at 2℃—2℃时的目标压力 [bar]

六、自诊断与功能匹配

1. 自诊断检测

自诊断，可以快速查询故障，地址码为 65，可选功能：
01—查询控制单元版本号；02—查询故障存储器；05—清除故障存储器；06—结束输出；07—给控制单元编码；08—读取测量数据块；10—自适应。

2. 功能匹配

匹配轮胎气压监控系统的步骤如下：

1）首先检查轮胎气压，必要时进行气压调整并在 MMI 中储存。规定的气压值在油箱盖内侧标注或查找轮辋和轮胎指导说明。

2）确认"车轮更换功能"并存储在 MMI 中。

3）当匹配轮胎气压监控控制单元 J502 时，需要满足如下条件：

① 以超 40km/h 的车速持续行驶至少 20min，避免时走时停驾驶，与其他车辆并行行驶时间不要超过 5min，以避免接受其他车辆车轮信号。

② 匹配结果可通过轮胎气压系统读取测量数据块 17 组的系统状态显示。

③ 系统状态数据块 17 记录 1。

④ 状态 0049 表示系统已经匹配成功。

第八章 被动安全系统执行器控制

第一节 安全气囊系统控制

被动安全系统由车身、安全气囊、安全带、安全带预紧器、安全带限力器、座椅造型（可能带主动式头枕）、儿童乘员用约束系统、蓄电池关断装置以及控制单元和传感器等部分组成。被动安全系统在汽车上的分布如图8-1所示，被动安全系统的组件联网如图8-2所示。安全气囊的触发示意如图8-3所示，安全带的触发过程如图8-4所示。

一、碰撞类型

如图8-5所示，事故分析结果表明，在所有严重事故或者有乘员受伤的事故中约有一半发生在车厢前部。事故发生时，冲击力会从正面或斜向作用到汽车上。有三分之一事故主要发生在汽车左/右两侧。只有极少部分是发生在后面和因为翻车。

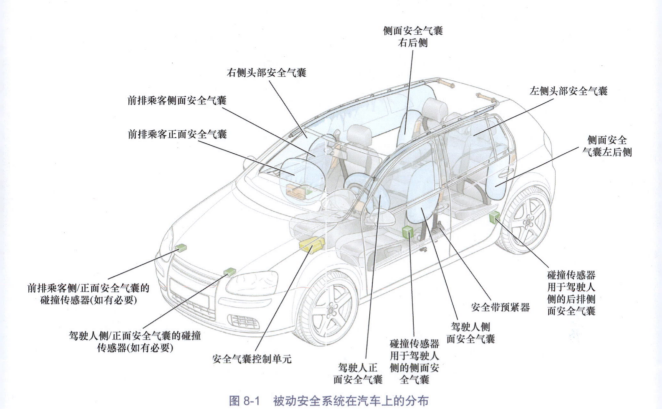

图 8-1 被动安全系统在汽车上的分布

各种安全气囊用于在事故发生时按各作用方向保护乘员的安全。如果安全气囊的控制单元识别出需要激活安全气囊的碰撞，则系统被激活。根据作用方向或者碰撞角度的不同，只会激活特定的安全气囊。此外，安全气囊控制单元还将碰撞事件通知其他系统。该信息还用于切断燃油供应。如果配有蓄电池断开元件，则会在触发安全气囊时激活蓄电池断开元件。

1. 正面碰撞

如图 8-6 所示，根据事故的严重程度，可能只触发驾驶人和前排乘客的安全带预紧器及正面安全气囊。

2. 正面斜向碰撞

如图 8-7 所示，正面斜向碰撞可能会触发驾驶人和前排乘客安全带预紧器及正面安全气囊或相应头部安全气囊或相应的侧面安全气囊。

3. 侧面碰撞

如图 8-8 所示，根据车型的不同，可能会触发侧面安全气囊、头部安全气囊及碰撞所涉及汽车侧面的安全带预紧器。

4. 后面碰撞

如图 8-9 所示，根据车型不同，可能会激活安全带预紧器和蓄电池断开元件。

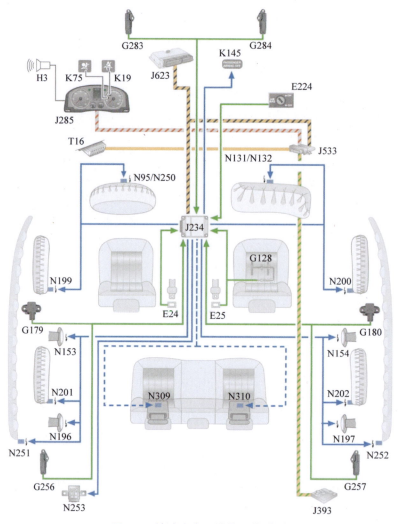

图 8-2 被动安全系统的组件联网

E24—驾驶人侧安全带开关　E25—前乘客侧安全带开关　E224—前排乘客侧安全气囊关闭的钥匙开关
G128—前排乘客侧座椅占用传感器　G179—驾驶人侧面安全气囊的碰撞传感器
G180—前排乘客侧侧面安全气囊的碰撞传感器　G256—后排驾驶人侧侧面安全气囊的碰撞传感器
G257—后排前乘客侧侧面安全气囊的碰撞传感器　G283—驾驶人侧正面安全气囊的碰撞传感器
G284—前排乘客侧正面安全气囊的碰撞传感器　H3—蜂鸣器和报警器　J234—安全气囊控制单元
J285—组合仪表控制单元　J393—舒适系统中央控制单元　J533—数据总线的诊断接口（网关）
J623—发动机控制单元　K19—安全带报警器指示灯　K75—安全气囊指示灯
K145—前排乘客侧安全气囊关闭指示灯（PASSENGER AIRBAG OFF）　N95—驾驶人侧安全气囊点火器
N131—前排乘客侧安全气囊点火器 1　N132—前排乘客侧安全气囊点火器 2
N153—驾驶人侧安全带预紧器点火器　N154—前排乘客侧安全带预紧器点火器
N196—后排驾驶人侧安全带预紧器点火器　N197—后排前乘客侧安全带预紧器点火器
N199—驾驶人侧侧面安全气囊点火器　N200—前排乘客侧侧面安全气囊点火器
N201—后排驾驶人侧侧面安全气囊点火器　N202—后排前乘客侧侧面安全气囊点火器
N250—驾驶人侧安全气囊点火器　N251—驾驶人侧头部安全气囊点火器
N252—前排乘客侧头部安全气囊点火器　N253—蓄电池断路装置点火器
N309—驾驶人侧翻车保护装置电磁铁（仅用于敞篷车）　N310—前排乘客侧翻车保护装置电磁铁（仅用于敞篷车）
T16—16 芯插头连接（诊断接头）

第八章 被动安全系统执行器控制

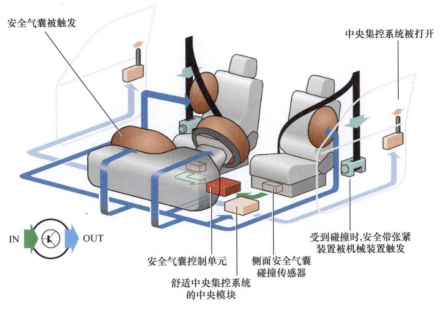

图 8-3 安全气囊的触发示意

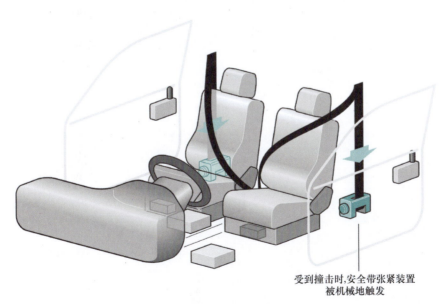

图 8-4 安全带的触发过程

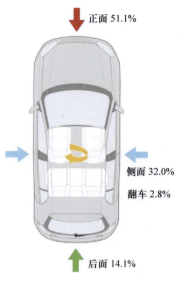

图 8-5　不同部位碰撞发生的概率

图 8-6　正面碰撞

图 8-7　正面斜向碰撞

图 8-8　侧面碰撞

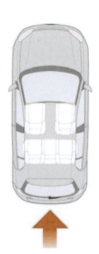

图 8-9　后面碰撞

二、碰撞的时间过程

1. 正面碰撞的时间过程

如果车速为56km/h,则汽车从碰撞到刚性障碍物至停止所用的时间约为150ms。汽车乘员在如此短的时间内根本不可能作出任何反应。他只能被动地介入事故发生过程。在此瞬间之内,安全带预紧器、相应的安全气囊以及蓄电池断开装置(如果有)必须被激活。

对单个动作的控制由安全气囊控制单元负责。在启用保护功能后,通过安全气囊向前瘫塌重新恢复清晰的视野。图8-10展示了触发驾驶人和前排乘客安全气囊及安全带预紧器的基本过程,根据车型不同,可能会出现差别。

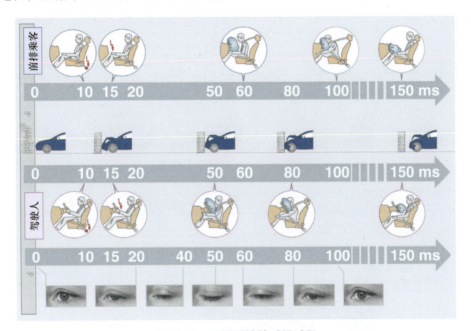

图8-10 正面碰撞的时间过程

2. 侧面碰撞的时间过程

因为在碰撞中汽车和乘员之间的碰撞变皱区非常小,因此保护措施必须在瞬间介入并执行。为此,侧面和头部安全气囊应在15ms左右(图8-11)之内完全充气。为了在潜在的后续事故发生时,如果是侧面碰撞后汽车翻车,也能维持头部安全气囊的保护功能,头部安全气囊应保持更长的充气时间。

三、安全气囊的类型

1. 正面安全气囊

(1)驾驶人安全气囊 驾驶人安全气囊(图8-12)通过所谓的盆状气体发生器进行充

气。其名称来源于其盆状外形。该结构尤其适合在转向盘中心位置安装。该发生器可以以一级和二级结构安装。驾驶人安全气囊的气体发生器集成在一个壳体中，安装在转向盘正中心的碰撞吸收器里。该单元也被称为安全气囊模块。

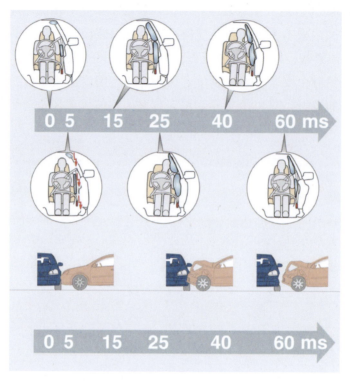

图 8-11　侧面碰撞的时间过程

图 8-12　驾驶人安全气囊

（2）前排乘客安全气囊　如图 8-13 所示，通常使用管状的气体发生器给前乘客安全气囊充气。它们可能是固体燃料气体发生器也可能是混合气体发生器。该发生器可以以一级和二级结构安装。

图 8-13 前排乘客安全气囊

前排乘客安全气囊的气体发生器集成在一个壳体内,安装在仪表板右上方区域。该单元被称为安全气囊模块。为了在碰撞时能够填充仪表板和前排乘客之间的较大距离,实现良好的保护作用,前排乘客安全气囊与驾驶人安全气囊在形状上有所不同且容量更大。

2. 侧面安全气囊

采用管状气体发生器给侧面安全气囊充气。使用的发生器是一级的固体燃料或混合气体发生器。图 8-14 为侧面安全气囊已完全充气的汽车。侧面碰撞时,只会触发汽车相关侧面的安全气囊。

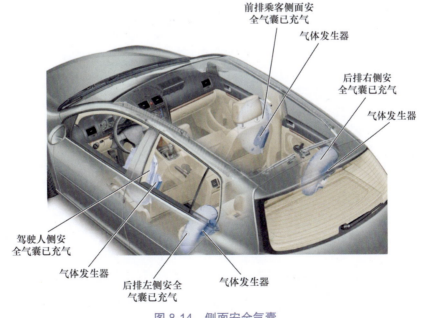

图 8-14 侧面安全气囊

在汽车前座上，安全气囊模块安装在座椅靠背外部（图 8-15）。在后座上，安全气囊模块可安装在座椅靠背外部，也可以安装在车身侧板中。侧面安全气囊的结构见图 8-16。

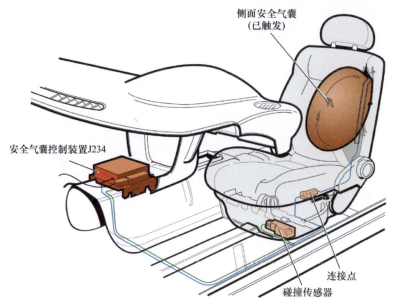

图 8-15　侧面安全气囊的位置与控制示意

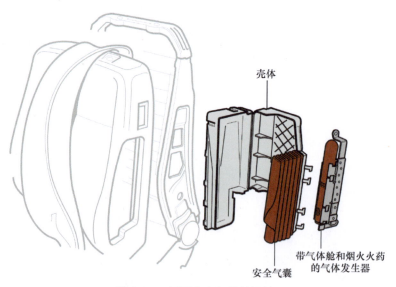

图 8-16　侧面安全气囊的结构

3. 头（胸）部安全气囊

（1）头部安全气囊　采用管状气体发生器给头部安全气囊充气。因为通常情况下装配空间极小，所以气体发生器的结构很细长，这里使用一级混合气体发生器。图 8-17 中显示汽车的两个头部安全气囊均已充气，但是在侧面碰撞时只会触发相关侧面的安全气囊。

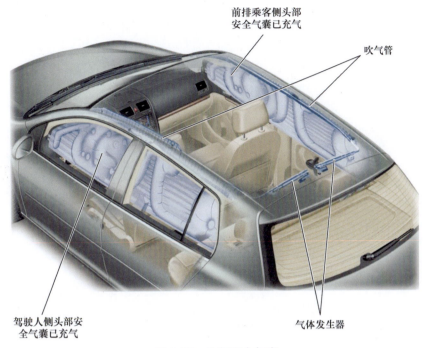

图 8-17 头部安全气囊

在头部安全气囊模块上，气体发生器与一根吹气管相连，这个吹气管用于快速并顺畅地将安全气囊气体分配到气囊中。吹气管集成在头部安全气囊中，由金属管或无纺布软管制成。根据车型可将气体发生器安装在车顶范围前部的遮阳板下方、在 B 柱范围内（图 8-18）、C 柱和 D 柱之间或者在车顶范围后部。此外，头部安全气囊的气囊在种类和外形上要与车型相匹配。

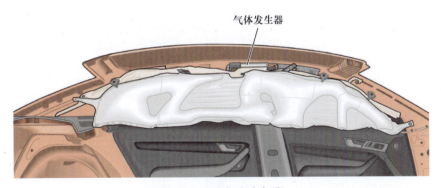

图 8-18 头部安全气囊

（2）头胸部安全气囊 在敞篷汽车上安装有作为侧面安全气囊使用的所谓的头胸部安全气囊（图 8-19）。该安全气囊模块的气囊构造能够同时起到侧面和头部安全气囊的作用。

在大众汽车中，该安全气囊用于以下车型：新甲壳虫及其敞篷版、EOS。

图 8-19 头胸部安全气囊

4. 前排膝部安全气囊

如图 8-20 所示,针对特定的市场,一些车型可能额外配备膝部安全气囊。膝部安全气囊引爆后,乘员可以更早地参与汽车的减速过程(图 8-21)。因此,安全气囊系统可以以驾驶人和前排乘客正面安全气囊连同膝部安全气囊一起满足国家法定和特定的要求。

驾驶人侧的膝部安全气囊位于仪表板下方的脚部空间饰板上。前排乘客侧的膝部安全气囊安装在杂物箱盖后面。

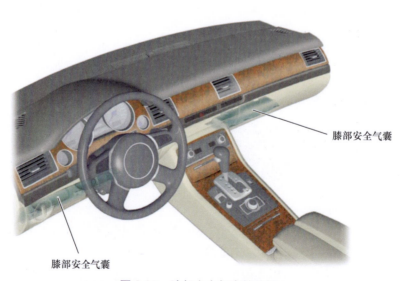

图 8-20 膝部安全气囊的位置

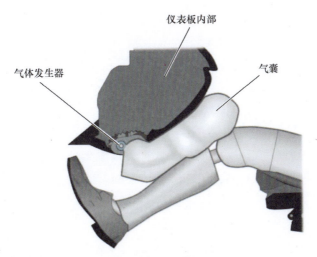

图 8-21 膝部安全气囊的保护机理

四、安全气囊气体发生器

早期，人们使用固体燃料气体发生器来给安全气囊充气。后来，人们使用混合气体发生器。如果安全气囊控制单元识别到一个需要激活安全气囊的事故，则激活相应的气体发生器。

根据车型驾驶人和前排乘客安全气囊可采用一级或二级气体发生器。在一级气体发生器上，所有的产气药在一个阶段点燃。在二级气体发生器上，两份产气药在时间上错开后依次点燃。

根据事故严重程度和类型，安全气囊控制单元决定两次点火之间的时间差。根据车型的不同，时间差可在 5~50ms 之间变动。通过第二级点火向安全气囊供入额外的空气量。

原则上，每次都会点燃两级，由此来避免在安全气囊被触发后一份产气药保持有效状态（例外情况为美国款辉腾和新甲壳虫）。

1. 固体燃料气体发生器

固体燃料气体发生器由里面装有固体燃料成分和点火装置的外壳组成。气体发生器外壳的结构和外形要同各自的安装空间相匹配，因此可以按结构（如盆状和管状气体发生器）对气体发生器加以区分。装入的固体燃料为药片状或环状。在点燃固体燃料后便产生对乘员无害的充气气体，该气体几乎100%由氮气组成。

2. 混合气体发生器

混合气体发生器有一个外壳，里面装有在高压下压缩储存的气体和带点火装置的固体燃料。气体发生器外壳的结构和外形要同各自的安装空间相匹配。在大多数情况下，气体发生器为管状，主要构件为带安全气囊充气气体的储压器和集成在储压器中或者用法兰与储压器相连的产气药（固体燃料）。

装入的固体燃料为药片状或环状。存储的压缩空气是由惰性气体组成的混合气体，例如氩气和氦气。根据气体发生器的不同结构，压力在 200～600bar 之间。点燃固体燃料后，储压器被打开，并产生由固体产气药生成的气体和惰性气体组成的混合气体。

3. 驾驶人安全气囊气体发生器

（1）一级式固体燃料　如图 8-22 所示，这种气体发生器因其盆状外形而被称为盆式气体发生器。点火装置被置于圆形外壳（盆）的正中间。固体燃料以环形散布在点火装置周围。在固体燃料和外壳外壁之间安装有金属过滤器。金属过滤器用于冷却并清洁产生的气体。由此便能确保所有的产气药在气体发生器中燃烧（图 8-23），而不会有燃烧物进入气囊。气体发生器与安全气囊控制单元 J234 之间通过转向盘单元中的时钟弹簧完成电气连接。点火器被激活，产气药被点燃并迅速燃尽，产生的气体流经金属过滤器进入安全气囊。

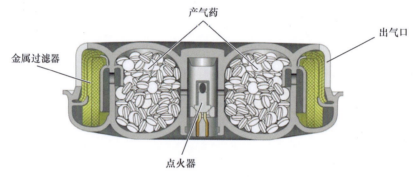

图 8-22　气体发生器（未点火）

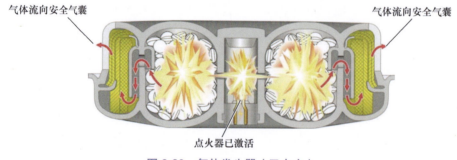

图 8-23　气体发生器（已点火）

（2）二级式固体燃料　如图 8-24 所示，在驾驶人侧也使用二级触发盆式气体发生器。

如图 8-25 所示，点火器 1 被激活。起爆药被点燃，起爆药经喷嘴孔点燃真正的产气药。产生的气体使气体发生器的外壳变形，使气体畅通无阻地流出。产生的气体流经过滤器进入安全气囊。如图 8-26 所示，点火器 2 被激活时。产生的气体经第一级的燃烧室并通过金属过滤器进入安全气囊。

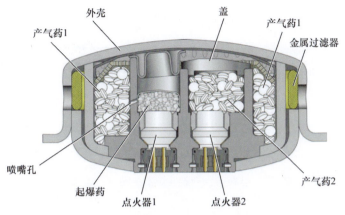

图 8-24　二级式气体发生器（未点火）

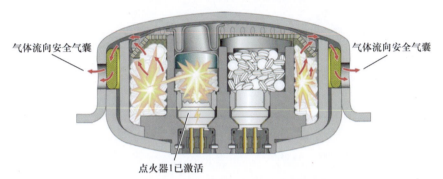

图 8-25　二级式气体发生器（第一个触发级已点火）

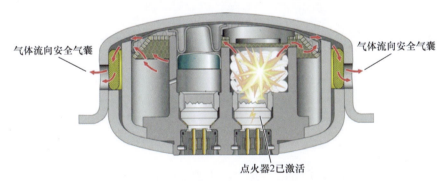

图 8-26　二级式气体发生器（第二个触发级已点火）

4. 前排乘客安全气囊气体发生器

前排乘客安全气囊使用管状结构的气体发生器，也被称为管式气体发生器。

（1）一级式固体燃料　如图 8-27 所示，该气体发生器由里面装有点火器、起爆药以及产气药的外壳组成。在产气药和外壳之间安装有金属过滤器。

如图 8-28 所示，点火器被激活。起爆药被点燃；接着起爆药点燃真正的产气药，产生的气体流经金属过滤器进入安全气囊。

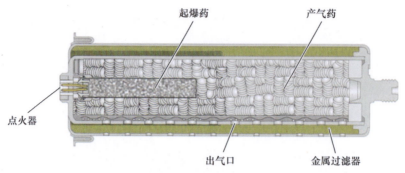

图 8-27 前排乘客安全气囊气体发生器（一级式未点火）

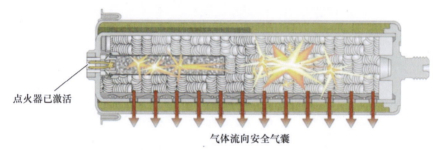

图 8-28 前排乘客安全气囊气体发生器（一级式已点火）

（2）二级式固体燃料（第 1 种类型） 如图 8-29 所示，该气体发生器有一个外壳，里面有两个通过隔板相互隔开的固体燃料气体发生器。

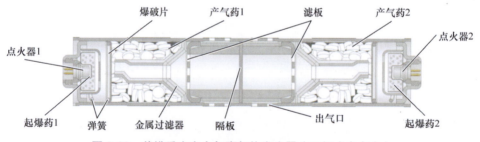

图 8-29 前排乘客安全气囊气体发生器（二级式未点火）

如图 8-30 所示，点火器 1 被激活。起爆药 1 被点燃；在冲破爆破片之后，起爆药点燃产气药 1。产生的气体流经金属过滤器进入安全气囊。如图 8-31 所示，点火器 2 被激活。其他过程与第 1 级触发相同。产生的气体流经金属过滤器进入安全气囊。

（3）二级式–固体燃料（第 2 种类型） 如图 8-32 所示，起爆药的推进剂为片剂。产气药 1 和 2 使用空心片剂。由于药片为空心结构，因此整个产气药能够被迅速点燃。

如图 8-33 所示，点火器 1 被激活。起爆药 1 被点燃；在冲破爆破片之后起爆药点燃产气药 1。产生的气体流经金属过滤器进入安全气囊。如图 8-34 所示，点火器 2 被激活。第 2 级的触发与第 1 级的触发相同。产生的气体流经金属过滤器进入安全气囊。

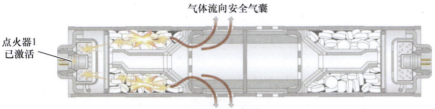

图 8-30　前排乘客安全气囊气体发生器（二级式第 1 个触发级已点火）

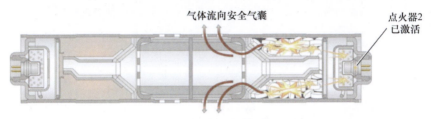

图 8-31　前排乘客安全气囊气体发生器（二级式第 2 个触发级已点火）

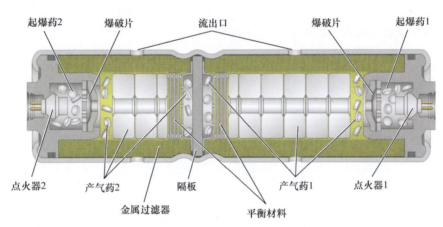

图 8-32　前排乘客安全气囊气体发生器 - 二级式未点火（第 2 种类型）

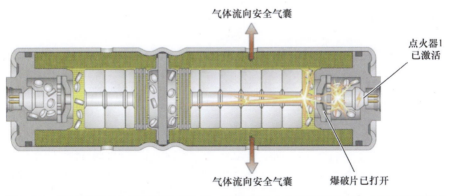

图 8-33　前排乘客安全气囊气体发生器 - 二级式第 1 个触发级已点火（第 2 种类型）

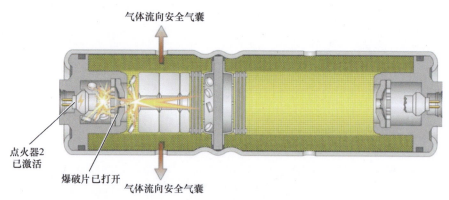

图 8-34　前排乘客安全气囊气体发生器 - 二级式第 2 个触发级已点火（第 2 种类型）

五、安全气囊系统的检测与诊断

安全气囊系统出现故障时，组合仪表（组合仪表内的控制单元 J285）上的安全气囊指示灯 K75 将亮起。另外，组合仪表上还会亮起三角形警告标志，并显示文字："安全系统：系统故障！参阅随车手册"，打开点火开关后将显示 6s。

安全气囊控制单元 J234 始终监控着行人保护系统的功能情况。系统发生异常，将产生故障记录，存储在安全气囊控制单元里。系统触发后，将和故障信息一样显示在组合仪表上。

第二节　被动安全其他执行器控制

一、安全带预紧器

安全带预紧器在发生碰撞时沿安全带拉伸的反方向卷起，由此来拉紧安全带（缩小安全带和身体之间的空隙）。这样便能通过安全带预防乘员向前运动（相对于汽车的运动方向）。安全带预紧器大约能够在 13ms 内卷起安全带 13cm。如果作用在安全带上的反作用力大于安全带预紧力，则安全带预紧结束。

按照结构和作用原理，安全带预紧器可分为拉索式、滚球式、转子式、齿条式和带式安全带预紧器，既可以被机械触发，也可以被电动触发。根据汽车的配备程度，可以只在前排座位上安装安全带预紧器，或者在后排座位上也安装安全带预紧器。

1. 机械触发的拉索式安全带预紧器

机械触发的拉索式安全带预紧器从某一延迟值起作出机械反应，不依赖于安全气囊控制单元发挥作用。如图 8-35 所示，安全带预紧单元与安全带自动收卷器构成一个结构单元。该系统在一个保护管中活动安放在一个轴承盖上，这个保护管类似于一个静止的摆锤。在活塞上固定有一根钢丝绳，钢丝绳在保护管上方的钢丝绳储存器内收卷。

预紧单元由弹簧质量系统式的传感器、装有烟火产气药的气体发生器和高压管中装有钢丝绳的活塞等部件组成。

（1）点火　如图 8-36 所示，如果发生碰撞时汽车延迟超过某一数值，则传感质量块开始相对于传感弹簧的弹簧力反向运动。传感质量块由传感器支架、装有烟火产气药的气体发生器、碰撞弹簧、活塞和高压管组成。

如果传感器支架在压缩传感弹簧时超过某一行程，则被传感螺栓固定在静止位置上的气体发生器被垂直释放。通过预紧的碰撞弹簧，气体发生器朝回弹板中的碰撞销方向加速。在气体发生器击中碰撞销时，气体发生器的产气药被点燃。

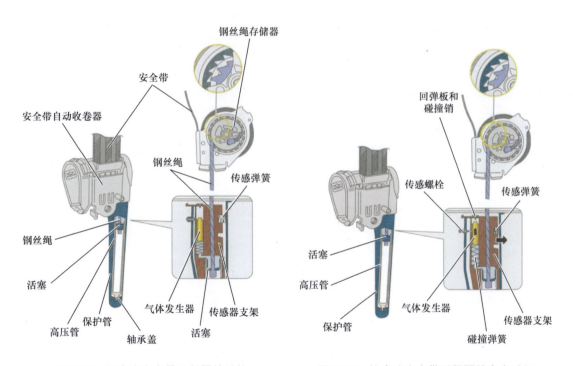

图 8-35　拉索式安全带预紧器的结构　　　　图 8-36　拉索式安全带预紧器的点火过程

（2）预紧　如图 8-37 所示，气体冲入高压管并推动带有钢丝绳的活塞向下运动。在耦合盘上收卷的钢丝绳刚有动作时，齿扇因耦合盘的加速力被径向向外移动，并卡入安全带自动装置辊轴的齿圈中。

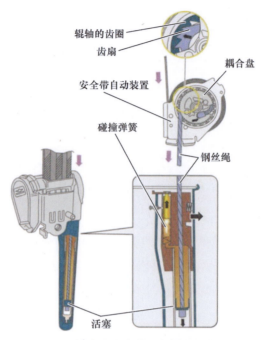

图 8-37 拉索式安全带预紧器的预紧过程

另一款机械触发的拉索式安全带预紧器如图 8-38 所示。系统通过拉绳与安全带自动收卷装置相连。在触发单元中集成了机械式传感器和烟火式触发器。传感器自某一延迟值起作出纯机械式反应,并且不依赖于安全气囊控制单元发挥作用。

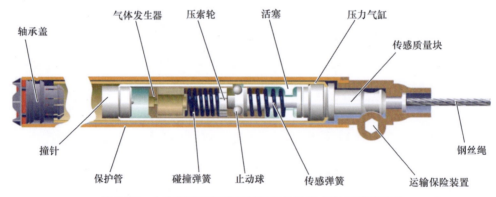

图 8-38 大众夏朗采用的机械触发的拉索式安全带预紧器

2. 球驱动式安全带张紧器

图 8-39 所示的球驱动式安全带张紧器通常用在前排座椅上。安全带张紧器由集成在进球管里的钢球驱动,如图 8-40 所示。

如图 8-41 所示,安全带张紧器被触发时,点燃烟火式推进剂。推进剂使球运动,并使球经过一个齿轮进入钢球收集器。安全带卷收装置由球的动能驱动,从而卷收安全带。

第八章 被动安全系统执行器控制

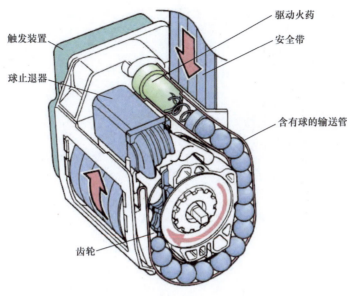

图 8-39 安全带张紧器的结构

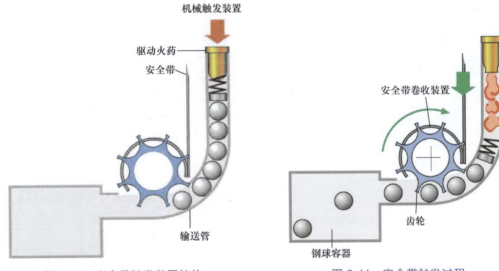

图 8-40 安全带触发装置结构　　　　图 8-41 安全带触发过程

3. 根据汪克尔发动机原理工作的安全带张紧器

根据汪克尔发动机原理工作的安全带张紧器，用在后部座椅的安全带张紧器上（图 8-42）。这种张紧器可以简单地描述为"烟火式汪克尔发动机"。这种"汪克尔发动机"由 3 个烟火推进剂驱动，实现连续点火。通过机械触发装置，第一推进剂火药被点燃（图 8-43）。释放出的气体会导致转子旋转。安全带收紧。旋转一定角度后，活塞打开第二点火销的进气口，从而点燃第二烟火推进剂（图 8-44）。

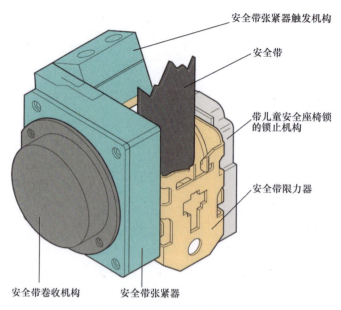

图 8-42 后部安全带张紧器的结构

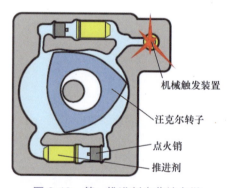

图 8-43 第一推进剂火药被点燃

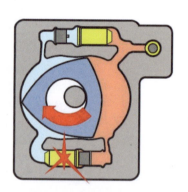

图 8-44 第二推进剂火药被点燃

释放的气体使转子旋转,直到下一个进气通道打开。第三个点火装置点燃(图 8-45)。传动带张紧器通过这种方式能够转将近 2 圈(图 8-46)。

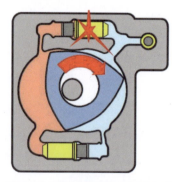

图 8-45 第三推进剂火药被点燃

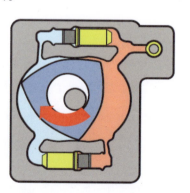

图 8-46 转子将旋转两圈

4. 齿条式安全带预紧器

齿条式安全带预紧器与安全带自动收卷器构成一个结构单元。齿条式安全带预紧器用于驾驶人和前排乘客座椅。

如图 8-47 所示，安全气囊控制单元的信号点燃气体发生器的产气药。通过压力升高，使得与齿条相连的活塞向上运动。齿条通过棘爪转动齿轮 1 和 2。齿轮 2 与扭力轴自由轮外座圈固定相连。如果这时外座圈转动，滚子会被向里压，直至它们夹在外座圈和扭力轴之间，从而达到动力啮合。旋转运动这时被传递给扭力轴，然后安全带开始缩进（图 8-48）。

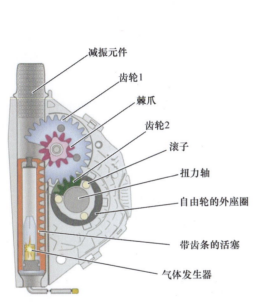

图 8-47 齿条式安全带预紧器触发开始

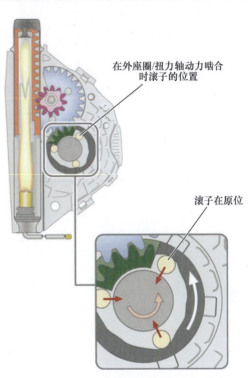

图 8-48 齿条式安全带预紧器触发结束

5. 拉索式安全带预紧器

拉索式安全带预紧器（图 8-49）与安全带自动收卷器构成一个结构单元。拉索式安全带预紧器用于驾驶人和前排乘客座椅。如图 8-50 所示，气体发生器点火时，产生的混合气体向上推动管内的活塞及固定在活塞上的钢丝绳。预紧后，钢丝绳紧贴在与卷轴相连的耦合盘上，并且耦合盘沿收卷方向转动。

二、安全带限力器

为了在发生事故时作用在乘员身上的负荷不至于太大，安全带自动装置装有安全带限力器。自某一负荷值起，安全带限力器增加安全带长度，使乘员能够被裹在已展开的安全气囊中。搭环状缝合的安全带如图 8-51 所示，当拉力太大时，线缝裂开，从而使安全带变长，由此来降低拉力并减轻乘员的负荷。

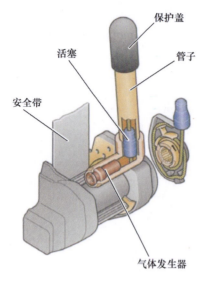

图 8-49　拉索式安全带预紧器未触发时

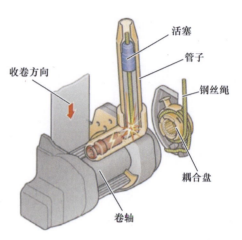

图 8-50　拉索式安全带预紧器触发时

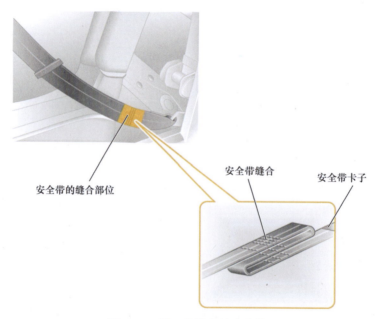

图 8-51　搭环状缝合的安全带

如果加速度过大，安全带的张紧力会很大，从而会造成人体损伤，因此安全带的张紧力必须被限制在一个可接受的范围内。如图 8-52 所示，安全带限力器通过安全带卷收装置扭转轴进行限制。扭转轴工作时类似于一个弹簧。依靠它的弹力，安全带会"释放"。两种类型的安全带张紧器都使用相同的系统。

第八章　被动安全系统执行器控制

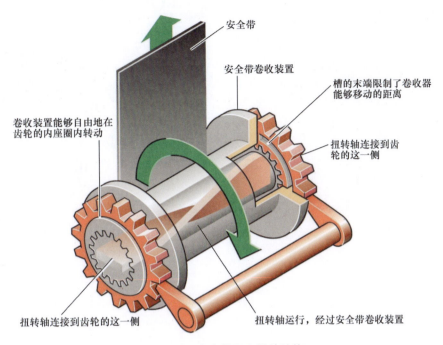

图 8-52　安全带限力器的结构

三、蓄电池断开元件

如果蓄电池装在车厢内或行李舱内,则可以使用蓄电池断开元件。断开元件用于断开从蓄电池到起动机和发电机的导线。如果在发生事故时,连接至起动机和发电机的导线短路,则断开后能避免可能发生的汽车失火。如果在事故发生时安全气囊被点火,则蓄电池断开元件也自动一起激活。发生尾部碰撞时,触发安全带预紧器也会激活蓄电池断开元件。

蓄电池断开元件包括安全蓄电池接线柱中的蓄电池断路点火器 N253,蓄电池断开装置继电器 J655(带蓄电池总开关和断开开关 E74)等部件。

1. 蓄电池断路装置点火器 N253(第 1 种类型)

在一些车型中装有安全蓄电池接线柱和集成式蓄电池断路装置点火器 N253。借助烟火式部件可以使蓄电池和起动机之间的导线断路。

如图 8-53 所示,安全蓄电池接线柱通过一个箍位螺母直接固定在蓄电池正极上。如图 8-54 所示,通过点燃蓄电池断路装置点火器 N253 中的产气药及由此而产生的气体,锥形销被沿箭头方向推出其起始位置。在锥形销被产生的气体推动后,通过底座来避免锥形销弹回(图 8-55)。因此,起动机蓄电池和起动机之间的电气连接继续保持断路。

如图 8-56 所示,带蓄电池断路装置点火器 N253 的安全蓄电池接线柱从安全气囊控制单元 J234 获得一个点火信号。该信号通过一条直接的导线从安全气囊控制单元 J234 传递至蓄电池断路装置点火器 N253。因此,发电机和起动机与蓄电池的连接中断。

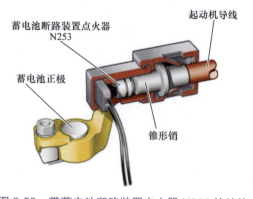

图 8-53 带蓄电池断路装置点火器 N253 的结构

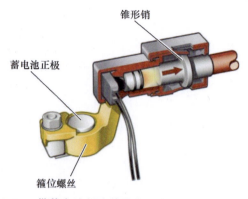

图 8-54 带蓄电池断路装置点火器 N253 的点火过程

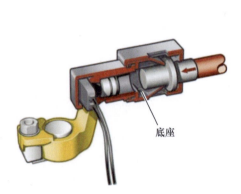

图 8-55 带蓄电池断路装置点火器 N253 的结束位置

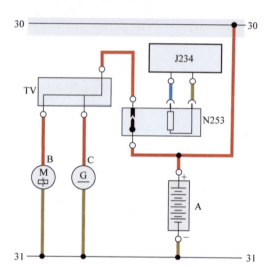

图 8-56 蓄电池断路装置点火器 N253 相关控制电路

A—蓄电池　B—起动机　C—发电机
J234—安全气囊控制单元
N253—蓄电池断路装置点火器　TV—分线器

2. 蓄电池断路装置点火器 N253（第 2 种类型）

除了安全蓄电池接线柱之外，还有一种可断开蓄电池和起动机之间导线的结构（图 8-57）。与安全蓄电池接线柱不同，该部件基于使起动机蓄电池接头之间的连接元件断路（图 8-58）。蓄电池断路装置点火器 N253 安装于起动机蓄电池旁一个单独的塑料壳中。

点火后，产气药在蓄电池断路装置点火器 N253 内部燃烧。由此产生的气体推动活塞和销，

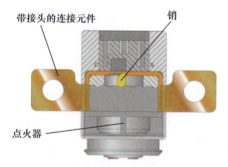

图 8-57 蓄电池断路装置点火器 N253 （第 2 种类型）的结构

第八章 被动安全系统执行器控制

使蓄电池和起动机的接头之间的接触中断。如图8-59所示，蓄电池断路装置点火器N253直接从安全气囊控制单元J234获得一个点火信号。因此，发电机和起动机与蓄电池的连接中断。

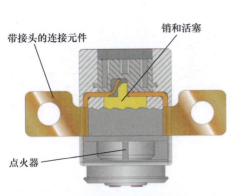

图8-58　蓄电池断路装置点火器N253
（第2种类型）的结束位置

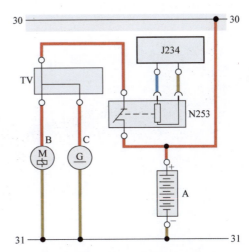

图8-59　蓄电池断路装置点火器N253
相关控制电路（第2种类型）

A—蓄电池　B—起动机　C—发电机
J234—安全气囊控制单元　N253—蓄电池断路装置点火器
TV—分线器

四、安全气囊和安全带系统的检测诊断

控制单元的任务是捕捉并评估车辆的延时，以便减少受伤危险并激活安全气囊、安全带拉紧器单元和碰撞出口。

在每次打开点火装置后将进行一次自行测试，同时将监控连接的外围设备是否与被编码的装备一致。如果有差别，将通过诊断接口输出故障"控制单元编码错误"并触发安全气囊指示灯K75。

下列事件取决于安全带锁查询：

安全带触发线路的激发在界限值1或2以及前排安全带触发线路的激发。由控制单元产生的后排安全带拉紧器触发电流通过微型开关实现安全带自动装置中的安全带绑系识别。安全带控制单元在打开点火装置后将连续评估出安全带锁的状态。

如果副驾驶人侧的座椅被识别为"被占用"并且安全带未插装，在出现碰撞情况并超过副驾驶人侧安全气囊释放标准时将提前（界限值1）触发。

气囊释放得更早，以便更早地拦截乘员。如果座椅被识别并且安全带锁被插装，安全带拉紧器得到释放界限值1和副驾驶人安全气囊界限值2。

在安全气囊触发或安全带拉紧器触发时，将显示故障"碰撞数据已保存"。安全气囊控制单元无法再被转换编码。匹配依旧可以进行。

第九章 其他系统执行器控制

第一节 发动机系统执行器

一、双级燃油泵

1. 双级燃油泵的控制

燃油系统的结构如图 9-1 所示,两个燃油泵(汽油发动机)都是双级轮叶式泵(图 9-2)。第一级(前置级)泵从燃油箱的底部抽取燃油并将燃油送入储油器。这样就可保证即使剩的燃油很少了,也可以供油。第二级(主级)泵直接从储油器中抽取燃油。带有泵的储油器和浸入式传感器是用卡夹固定在油箱底部的,通过带凸缘的盖可以够着这些件。

柴油发动机(共轨)使用的是单级泵,由于柴油黏度较大,所以预供油(从油箱的底部抽取燃油)过程不是由单独的泵来完成的,而是由抽油泵来完成的。

第九章 其他系统执行器控制

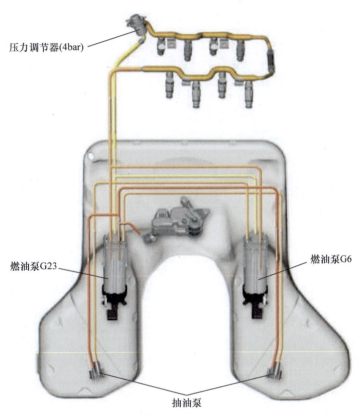

图 9-1 燃油系统的结构

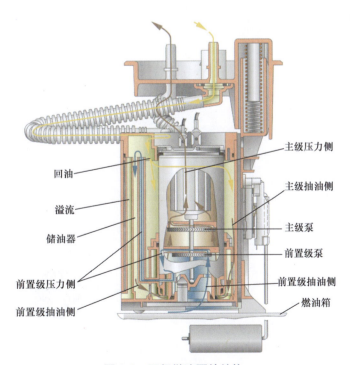

图 9-2 双级燃油泵的结构

当点火开关接通时（接线柱15）燃油泵G23就会以最大供油量将燃油输送到压力调节器（在喷油轨上），以便缩短起动时间。燃油泵G6也会将燃油输送到压力调节器，还会将燃油输入到燃油箱侧油腔内的抽油泵管路中。抽油泵从燃油箱侧油腔内抽出燃油，并将燃油按"对角线"方向送入燃油泵的储油器内。

这种管路布置可以避免车辆在极端情况下（如转弯或车辆过于倾斜），泵出现无润滑运行情况。两个储油器共用一根回油管。如果一个储油器注满了油，那么单向阀就会关闭这个管路，于是所有的回油都注入另一个储油器。如果两个储油器都满了，单向阀会被压开，燃油流回燃油箱。

2. 燃油高度传感器

如图9-3所示，燃油油面的高度是由两个浸入式传感器和两个旋转角传感器来感知。旋转角传感器的结构是新的，它是电磁被动式位置传感器。燃油传感器的安装位置如图9-4所示。

（1）结构 陶瓷基片上有51个串联的薄膜电阻，每个电阻都有自己的分接头，离这些分接头很近（距离很小）处有一个软磁体薄膜，其上带有相同数量的弹性触点。陶瓷基片下面的电磁位置传感器会将弹性触点拉到分接头上。输出的电信号根据磁铁的位置就会成比例地变化。由于使用了电磁耦合，所以测量系统可以获得极好的密封。

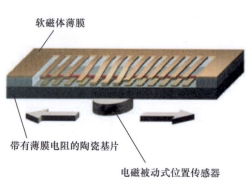

图9-3 燃油传感器的结构

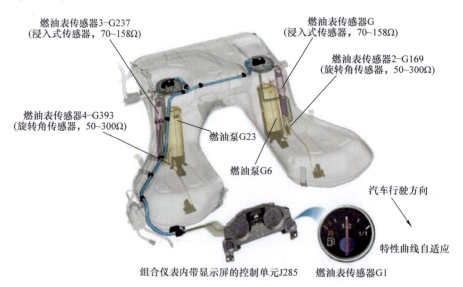

图9-4 燃油传感器的安装位置

（2）优点　该测量系统是非接触式的，所以使用寿命长，可防止污物沉积，接触电流小。

（3）确定燃油油面高度　燃油油面高度由浸入式传感器和旋转角传感器信号的逻辑电路来确定。如图9-5所示，燃油量在图中a位置时，此时燃油油面较低，只由旋转角传感器的测量值来确定燃油油面高度；燃油量在图中b位置时，此时燃油油面较高，只由浸入式传感器的测量值来确定燃油油面高度；燃油量在图中c位置时，此时燃油油面处于中间位置，由所有传感器信号的逻辑电路来确定燃油油面。传感器信号由组合仪表进行分析，所有传感器并联在一起。连接导线在燃油箱下面汇集在一起，这样在测量电阻时就不需要再进一步拆卸了。

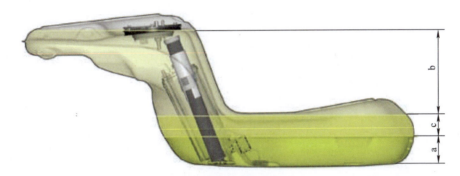

图9-5　燃油油面高度确定

二、带燃油压力调节阀的高压燃油泵

如图9-6所示，高压燃油泵用螺栓拧在气缸盖上。其作用是，在高压燃油系统中根据发动机情况产生燃油压力（30～110bar）。

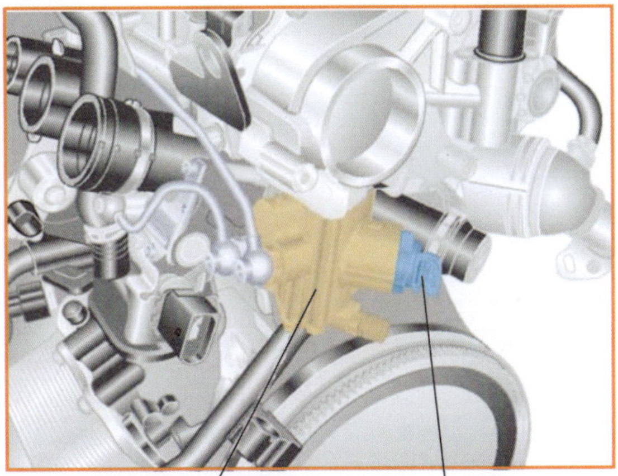

1. 特点

该泵是一个流量调节式单缸高压燃油泵。利用该泵根据特性曲线将燃油泵入燃油分配器内，使泵入量刚好满足喷射所需要的量。这样即可降低高压燃油泵的驱动功率和耗油量。该泵可以防止乙醇比例不超过10%的燃油造成腐蚀，因此可以在全世界范围内使用FSI发动机。该泵取消了高压燃油泵上的泄漏管路，多余的燃油从内部流回到低压侧的供油管路内。

图9-6　高压燃油泵安装位置

2. 高压燃油泵驱动装置

如图 9-7 所示，高压燃油泵通过进气凸轮轴上的一个双凸轮驱动。发动机类型不同，高压燃油泵的安装位置、驱动装置和外部结构也不同。

3. 高压燃油泵型号

不同发动机系列的高压燃油泵在功能和内部结构方面是相同的，但是由于结构空间要求不同，所以燃油泵的外部结构不同。

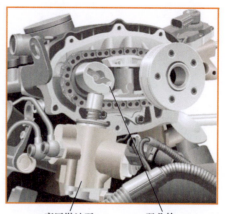

图 9-7　高压燃油泵驱动装置

（1）1.4L 66kW 和 1.6L 85kW 发动机配用　如图 9-8 所示，在这种燃油泵中高压燃油管路由金属制成，低压燃油管路由橡胶制成。金属管路通过螺纹来连接，橡胶管路用预紧力较高的弹簧卡箍固定。燃油系统通风在车辆运行期间进行。

> **注意**
> 为确保橡胶管路无应力安装，管路上和高压燃油泵上各有一个三角标记。安装时，必须使三角的尖端对准。

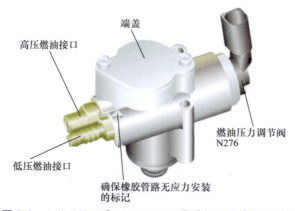

图 9-8　1.4L 66kW 和 1.6L 85kW 发动机配用高压燃油泵

（2）2.0L 110kW 和 2.0L 147kW 发动机配用　如图 9-9 所示，在这种燃油泵中，两个燃油管路都由金属制成且采用螺纹连接。端盖内的排气阀仅在生产过程中使用。车辆行驶时燃油系统通过喷射阀自动排气。

> **注意**
> 不允许分解高压燃油泵，否则组装后会导致泄漏。

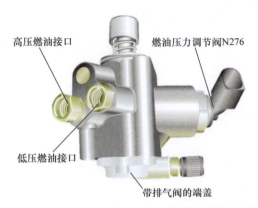

图 9-9　2.0L 110kW 和 2.0L 147kW 发动机配用高压燃油泵

4. 控制方案

该泵是一个流量调节式单缸高压燃油泵,其结构如图 9-10 所示。利用该泵根据特性曲线将燃油泵入燃油分配器内,使泵入量刚好满足喷射所需要的量。为此发动机控制单元根据所需要的喷射量计算出输送行程的开始点。如果达到这一时刻,燃油压力调节阀将输入阀关闭,输送行程开始。

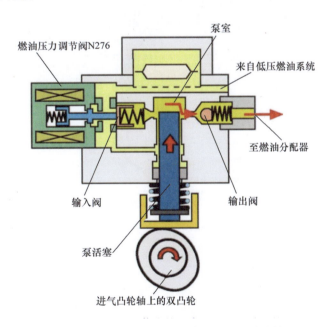

图 9-10　流量调节式单缸高压燃油泵的结构

如图 9-11 所示,在原理图下可以将一个图表分为三个区域。这些区域是抽吸行程、返回行程和输送行程。图 9-11 中凸轮的上升曲线也表示泵活塞上下移动。

(1) 燃油抽吸行程　如图 9-12 所示,在抽吸行程中输入阀由阀针通过阀针弹簧力打开。

这样在泵活塞向下移动期间燃油被吸入泵室内。如图 9-13 所示,在抽吸行程中,泵活塞向下移动且泵室内的压力基本上等于低压燃油系统内的压力。

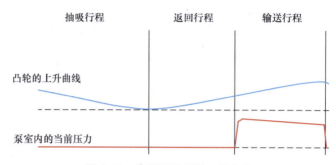

图 9-11　高压燃油泵的工作行程

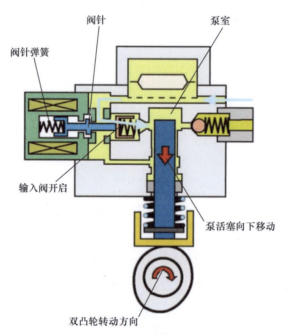

图 9-12　高压燃油泵的燃油抽吸行程

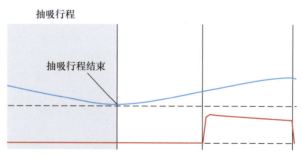

图 9-13　高压燃油泵的燃油抽吸行程工作曲线

（2）燃油返回行程　如图 9-14 所示,为了使燃油量与实际耗油量相同,泵活塞开始向上移动时输入阀也保持开启状态。多余的燃油通过泵活塞压回到低压区域内。此时产生的振动通过燃油供给管路内的减压器和节流阀来补偿。

如图 9-15 所示，在返回行程中，泵活塞已经处于向上移动状态，但是因为输入阀还处于开启状态，所以泵室内的压力仍基本上等于低压燃油系统内的压力。

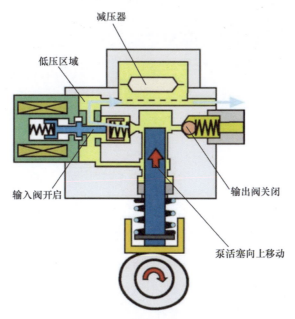

图 9-14 高压燃油泵的燃油返回行程

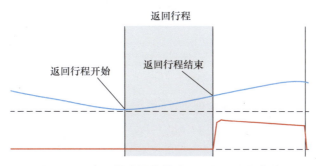

图 9-15 高压燃油泵的燃油返回行程工作曲线

（3）燃油输送行程 如图 9-16 所示，在计算输送行程开始时刻燃油压力调节阀短时通电。阀针因此克服阀针弹簧力被拉回，输入阀在输入阀弹簧力的作用下关闭。泵活塞向上移动使泵室内产生压力。如果泵室内压力大于燃油分配器内的压力，则输出阀打开。燃油泵至燃油分配器。

如图 9-17 所示，在输送行程中，泵活塞一直处于向上移动状态且泵室内压力提高。只有泵活塞到达最高点且输送行程结束时，活塞才会下降。输送行程的开始点是可变量。开始点取决于要输送的燃油量。

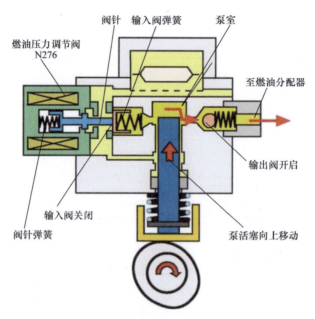

图 9-16　高压燃油泵的燃油输送行程

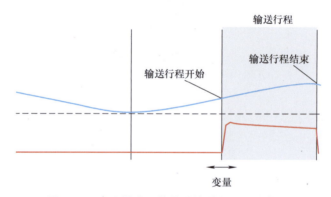

图 9-17　高压燃油泵的燃油输送行程工作曲线

三、高压喷射阀

1. 燃油系统组件

如图 9-18 所示，高压喷射阀插在气缸盖内。这些阀门将高压燃油直接喷入气缸内。

2. 任务

高压喷射阀的结构如图 9-19、图 9-20 所示，喷射阀必须在最短的时间内将燃油雾化并根据运行方式有针对性地喷入。这样可以在分层进气模式下使燃油集中在火花塞附近，在均匀稀混合气模式下以及在均匀进气模式下使燃油在整个燃烧室内均匀雾化。

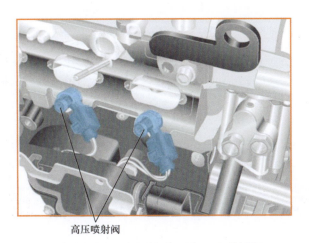

图 9-18　高压喷射阀 N30-N33 安装位置

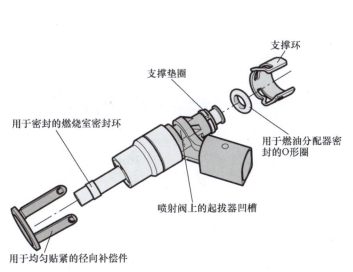

图 9-19　高压喷射阀的结构

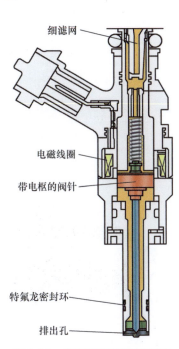

图 9-20　高压喷射阀的剖面图

3. 工作方式

喷射期间系统控制喷射阀内的电磁线圈并产生磁场。这样就会吸引带阀针的电枢，阀门开启并喷入燃油。如果不再控制线圈，则磁场突然减弱，阀针在压力弹簧的作用下压入阀座内，燃油流动中断。

四、高压喷射阀失灵时的影响

喷射阀损坏时，可通过缺火识别电路来识别，系统不再控制该喷射阀。

> **注意**
> 更换某一喷射阀后必须删除自适应值（学习值）并在发动机控制单元上重新对这些值进行适配。请注意引导型故障查询。

第二节 底盘系统执行器

一、四轮驱动离合器泵

如图 9-21 所示，四轮驱动离合器泵 V181 是一个集成有离心力调节器的活塞泵。它生成并调节油压，并由四轮驱动系统控制单元 J492 持续控制。

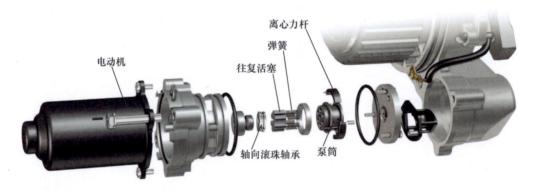

图 9-21 四轮驱动离合器泵 V181 的结构

1. 活塞泵

如图 9-22 所示，活塞泵由电动机通过电动机轴驱动。六个活塞由弹簧力压在倾斜的轴向滚珠轴承（推力垫片）上。如图 9-23 所示，当泵筒旋转时，活塞上下移动，油液被吸入，并通过压力侧流向工作活塞，从而进入离心力调节器内部。

2. 离心力调节器

如图 9-24 所示，集成的离心力调节器由离心力杆和离心力调节阀（球阀）组成。离心力调节器的工作原理如图 9-25 所示，它负责调节活塞泵生成的油压。离心力使离心力杆向外移动，同时将阀球压入阀座中。

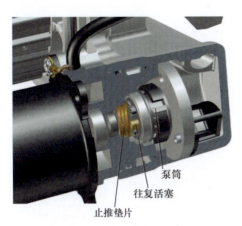

图 9-22 活塞泵的安装情况

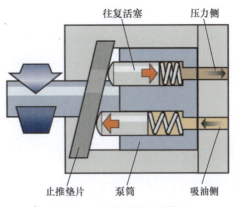

图 9-23 活塞泵的工作原理

图 9-24 离心力调节器安装情况

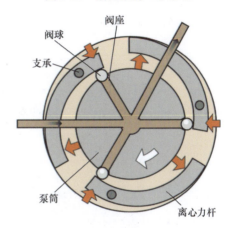

图 9-25 离心力调节器的工作原理

3. 安全阀

安全阀的安装位置如图 9-26 所示,安全阀用于对部件进行保护。当四轮驱动离合器泵 V181 生成的系统压力超过 44bar 时,弹簧无法承受负荷。安全阀的工作原理如图 9-27 所示,弹簧被压紧,阀球离开阀座。离合器油通过这个开口流回到油底壳中。

4. 离合器泵的调节

如图 9-28 所示,通过活塞泵和离心力调节器的共同作用生成和调节系统压力。调节后的系统压力施加给工作活塞。工作活塞以不同的压力压紧离合器壳体内的摩擦片组。施加压力的大小决定了可传递到后桥的驱动转矩。

5. 不同转速压力变化

(1) 转速较低时的压力变化 如图 9-29 所示,由于泵机的转速较低,因此尚未在工作活塞上生成系统压力。离心力杆还不能在阀球上施加任何压力。泵出的油液通过球阀重新回到油底壳中。

图 9-26 安全阀的安装位置

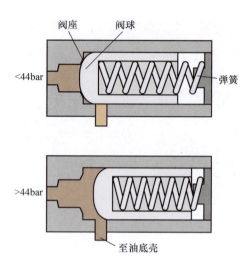

图 9-27 安全阀的工作原理

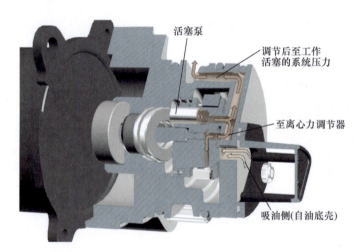

图 9-28 离合器泵的调节

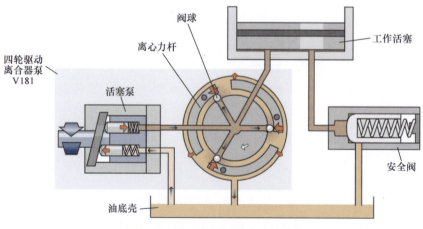

图 9-29 转速较低时的压力变化

（2）转速较高时的压力变化　如图 9-30 所示，由于泵机的转速较高，工作活塞的缸体中生成了压力。离心力杆将阀球压入阀座中，形成的压力再将阀球稍微推回。

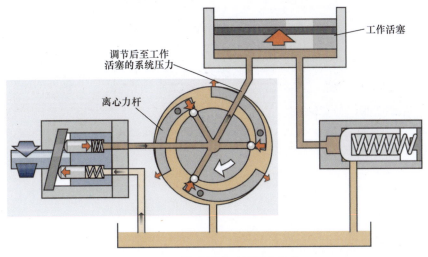

图 9-30　转速较高时的压力变化

离心力和液压压力之间取得平衡。转速继续提高，会增加工作活塞上的系统压力，从而增加离合器的可传递转矩。

（3）转速很高时的压力变化　如图 9-31 所示，当泵机的转速很高时，离心力杆会强力按压阀球，使得工作活塞上生成很高的系统压力。当系统压力超过 44bar 时，安全阀打开。由此对系统压力进行限制，使油液流回到油底壳中。

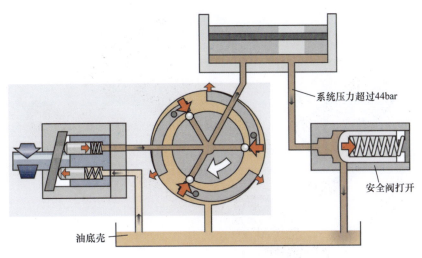

图 9-31　转速很高时的压力变化

（4）转速降低时的卸压　如图 9-32 所示，泵机的转速降低时，离心力杆按压阀球的强度也随之降低，此时油液会通过出现的阀门间隙排出。系统压力降低，并重新在离心力和液压压力之间建立平衡。

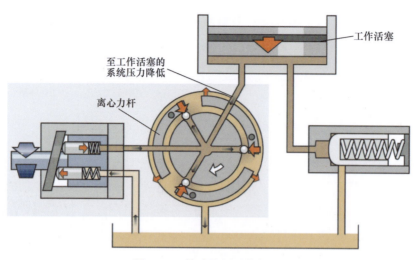

图 9-32 转速降低时的卸压

二、奥迪电磁减振系统

奥迪 A3 有一类底盘可以选装电子减振控制装置——奥迪电磁减振系统。系统通过奥迪驾驶模式选择系统进行操作。可以选择包括运动和舒适在内的三种不同的底盘调校。奥迪电磁减振系统部件布置如图 9-33 所示。

图 9-33 奥迪电磁减振系统部件布置

1. 带减振调节阀的减震器 N336-N339

某款奥迪 A3 使用了单管减振器（图 9-34），减振器活塞有两个独立的励磁线圈。磁通量相同的情况下，这种结构所需的磁铁截面较小，因此产生的涡流损耗也较小。这样能够改善电磁特性，因而有助于迅速生成减震力。由此优化了系统响应性能，也改善了舒适性。

前款车型上的减振器采用的是单线技术。通过一条导线向活塞内的励磁线圈输送电流，再由活塞和活塞杆构成回线（接地线）。奥迪 A3 则是采用了双线技术，接地线也是一根单独的导线。这样就无需进行复杂的电气绝缘布置，还可以简化系统诊断工作。

减振器的密封件经过了改进，从而可以有针对性地改善低温密封性和抵抗外界污物的能力。在后桥减振器上，活塞直径与前款车型相比，从 46mm 减小到 36mm，从而实现了减重效果。

图 9-34 带减振调节阀的减震器 N336-N339 的结构

2. 电子减振系统控制单元 J250

电子减振系统控制单元（图 9-35）通过采用全新的处理器，提高了控制单元的计算效率（计算速度）。同时内存大大扩展，通过采用全新的安全方案，改善了系统诊断功能。控制单元安装在右前座椅下方。

用于启用减振器的脉宽调制信号频率增加到了 31kHz。这样可以减少磁力及减振力的波动，从而改善声学性能。车辆静止时将不启用减振器。通过为断路路径设计全新的电路方案，可以迅速卸除动力，提高调节的精确度和舒适度。此外，还在减少休眠电流等多个方面做了新的改进。

图 9-35 电子减振系统控制单元 J250

3. 车身高度传感器 G76-78、G289

如图 9-36 所示，奥迪 A3 采用了 4 个车身高度传感器。其工作原理与 2008 年款奥迪 A4 上的传感器类似。通过对传感器的几何结构进行改动，使其很好地适应了 A3 的安装空间大小。

4. 操作和驾驶人信息

如图 9-37 所示，按下开关控制条上相应的按钮，驾驶人就可以在奥迪驾驶模式选择系统中对系统进行设置。按第一下，将在驾驶人信息系统（FIS）中显示当前设置的模式。显示将维持 6s。如果在此期间再按下按钮，则将按下列顺序选择下一个模式：高效 - 舒适 - 自动 - 动态 - 个性化 - 高效。

图 9-36　车身高度传感器 G76-78、G289

图 9-37　操作和驾驶人信息

如图 9-38 所示，在配备 MMI 导航系统的车辆上，还可以通过旋钮功能开关（图 9-39）在 CAR 菜单中进行操作。此外，对于配备多功能转向盘的车辆，还能将可进行个性化设定的按钮作为奥迪驾驶模式选择系统的操作元件。

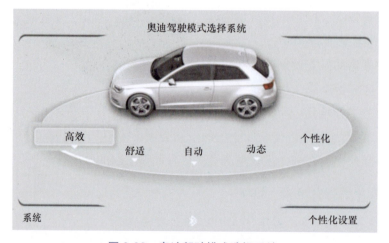

图 9-38　奥迪驾驶模式选择系统

5. 功能诊断与检测

奥迪电磁减振系统具备自诊断能力。如果识别出系统故障，组合仪表中的警告灯就会亮起，中央显示屏上也会出现文字说明。根据故障的严重程度，将相应地修正减振控制装置，或将其完全关闭。必要时还可以自动接通 ESP。

如图 9-40 所示，若要对奥迪 A3 上的控制单元进行作业，需将右前座椅纵向推到后面的位置，可以看到地毯底板上有一块盖板，控制单元就在盖板下面。对控制单元进行编码时，需要在线与数据库写入功能联网。编码完成后，必须用诊断测试仪执行"匹配调节位置"功能。

图 9-39　操作选择

在更换/重装控制单元、一个或多个减振器、一个或多个车身高度传感器等组件之后，必须执行"匹配调节位置"功能。如图 9-41 所示，减振器测试模式可以在相应的减振器测试台上自动识别出来。系统根据车速（< 7km/h）和待测减振器的频率进行识别。在测试模式下，系统会向减振器输入 1A 左右的恒定电流以对其进行控制。

图 9-40　控制单元安装位置

图 9-41　减振器的测试

三、电子制动助力装置

自动距离控制（APC）系统中电子制动助力装置的任务是通过激活制动器来控制与前方汽车之间的距离。因此，系统采用专门数据使得制动柔软和舒适。比例电磁阀（与励磁电流成比例的调节）以及膜片式位置传感器（无级电位计）和释放开关被集成在串联式助力装置中。电子制动助力装置（EBS）的结构如图 9-42 所示。

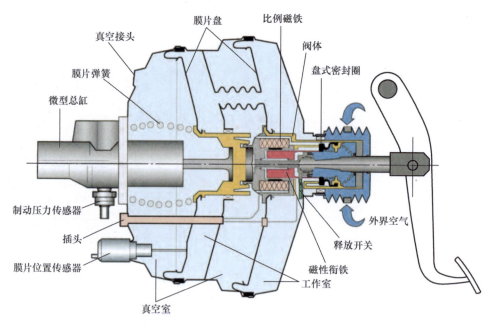

图 9-42 电子制动助力装置（EBS）的结构

为了达到很好的制动性能，制动压力控制是由压力传感器测量制动总缸的制动压力实现的。在控制过程开始的时候，压力控制器由膜片位置进行控制。在电子激活的制动工况中，制动踏板会发生相应的位移。

1. 释放开关

如图 9-43 所示，释放开关有助于区分制动器是否由电子系统驱动。因为释放开关是一个安全性的关键零件，所以为了区分出它的静止位置和工作位置，它被设计成具有一副常闭触点和一副常开触点（双向开关）。

当它处于静止位置或制动助力装置由电子系统驱动时，没有力通过操纵杆而作用在弹性作用盘上，所以弹性作用盘上没有压力。在这个位置上，释放开关紧靠在制动助力装置的壳体上并且接通电路 1。

如图 9-44 所示，如果驾驶人踩下制动踏板，力通过操纵杆被施加在反作用盘上，反作用盘被压缩。释放开关离开制动助力装置的壳体。电路 2 被接通。

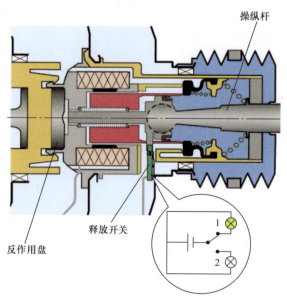

图 9-43 释放开关

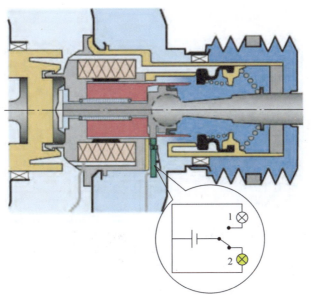

图 9-44　电路 2 被接通

2. 原始位置

如图 9-45 所示，放大器处于原始位置，真空压力建立并且比例磁铁上没有电流。电子制动助力装置的功能由相当于一个阀的密封边缘和盘式密封件确定。工作室内的压力取决于阀的位置。磁性衔铁的密封边缘就像一个进气阀。阀体的密封边缘就像一个排气阀。密封边缘离开或紧靠盘式密封件时，这两个阀开启或关闭。

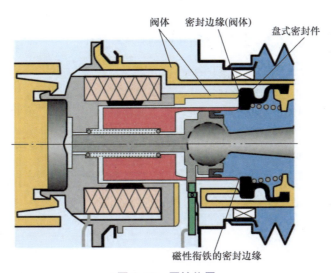

图 9-45　原始位置

3. 压力增高

如图 9-46 所示，当压力增高（由电子系统激活）时，比例磁铁被通电。定子和磁性衔铁之间的空气间隙变小,进气阀打开,外界空气流入工作室。膜片盘压缩膜片弹簧。最高可以达到约 30% 的制动压力。

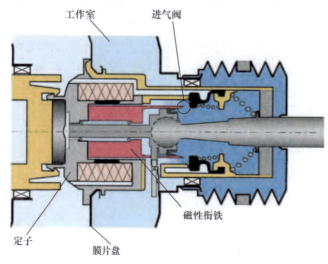

图 9-46　压力增高

4. 保持压力

如图 9-47 所示,为了保持压力,供给电磁线圈的电流被减小。衔铁弹簧推动定子和磁性衔铁使得它们相互分离,这样就关闭了进气阀。工作室中的部分真空决定膜片盘的位置。

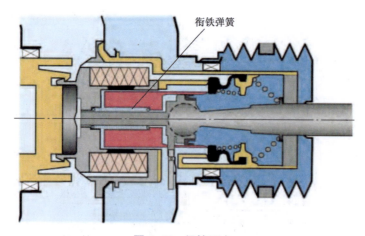

图 9-47　保持压力

5. 压力释放

如图 9-48 所示,如果电磁线圈中没有电流,磁性衔铁将盘式密封件向后推至进气阀的后面,排气阀被打开。工作室中的空气流入真空室并且通过发动机排出,膜片弹簧松弛。

第九章 其他系统执行器控制

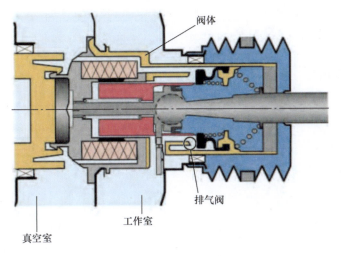

图 9-48 压力释放

四、线性电磁阀

为了能达到良好的制动舒适性,奥迪 A8 使用了为 ESP 5.7 开发的线性电磁阀(LMV)来作为进液阀和换向阀。

1. 线性电磁阀的工作原理

线性电磁阀的结构如图 9-49 所示,当电磁阀的线圈通电后,密封元件上会受到一个电磁力 F_M。密封元件就会被压到阀体内的密封座上。弹簧力 F_F 和液压力 F_H 的作用方向与电磁力 F_M 的方向相反。如果($F_F + F_H$)大于 F_M,那么密封元件就会离开密封座,于是这个阀就打开了。电磁阀线圈中的电流越大,打开该阀所需的液压力也就越大。因此改变通电电流的大小,就可以设定不同的开启压力。

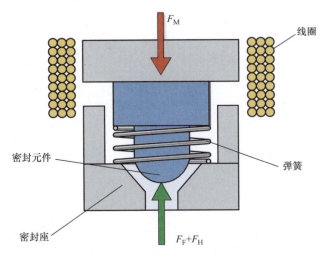

图 9-49 线性电磁阀的结构

同样就可以设定阀的行程(等于阀的开启横截面大小),使之处于阀关闭和完全打开之间的任何位置。于是制动压力就可根据要求来改变。这是车辆实现舒适制动的一个前提条件。

2. 线性电磁阀的应用

为了能在主动巡航控制的调节过程中降低噪声,就需要使用集成的抽吸式阻尼消音器。这些抽吸式阻尼消音器就是一些小腔,通过橡胶膜片来平息制动液的波动。这种经过改进的液压单元只用于带有自动巡航控制装置的车。为了能达到良好的制动舒适性,车上还使用了线性电磁阀来作为进液阀和换向阀。

(1)无 ECD 请求　如图 9-50 所示,电磁阀都未通电。驾驶人可以通过打开的换向阀和进液阀来调整制动压力。

(2)通过 ECD 请求建立起压力　如图 9-51 所示,换向阀和吸液阀通电,回液泵通过打开的吸液阀抽取油液并调节制动压力。

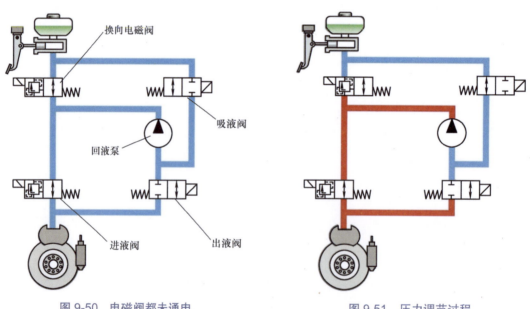

图 9-50　电磁阀都未通电　　　　　图 9-51　压力调节过程

五、电动机械式助力转向电动机

1. 结构

如图 9-52 所示,大众某车型电动机械式助力转向电动机 V187 用于产生转向助力所需要的力矩,使用的是一个永久励磁式三相交流同步电动机。

使用这种结构的电动机,是因为它有几个主要优势。同步电动机体积小、功率大。由于采用永久励磁方式,因此省去了用于将励磁电流送往转子的滑环。控制单元会计算出所需要的相电压,并通过末级功放接通定子线圈。定子由 12 个励磁线圈组成。

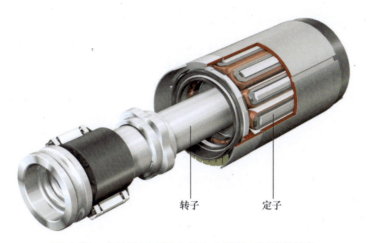

图 9-52 电动机械式助力转向电动机 V187 的结构

每四个线圈串联在一起,通上正弦曲线的电流。三股电流彼此间的相位是错开的。由此产生三个磁场,这三个磁场合在一起又产生一个旋转磁场,于是转子才会进行同步转动。转子带有 10 个永久磁铁,这些磁铁的 N 极和 S 极是交互布置的,转子呈空心轴结构,放在齿条上。

2. 滚珠丝杠工作原理

如图 9-53 所示,将电动机的旋转运动转换成齿条的直线运动,这个工作由滚珠丝杠完成。滚珠丝杠的工作原理类似于普通的螺栓-螺母系统,螺距现在就变成了沟道,螺栓(螺杆)和螺母(球循环螺母)之间的连接通过沟道中的滚珠来实现。这些滚珠在滚动,就像轴承内的滚子元件那样在一个封闭着的循环回路中运动。要想实现这点,球循环螺母内有一个循环通道,它将球循环螺母的沟道的"起始点"和"终结点"连接在一起。随着球循环螺母的反向转动以及滚珠滚动方向的逆转,螺杆的运动方向也就跟着改变了。

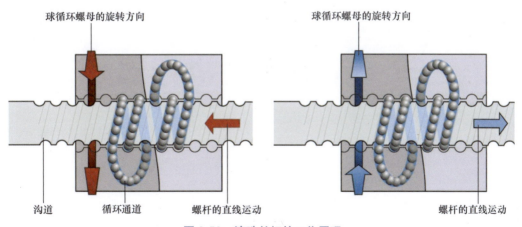

图 9-53 滚珠丝杠的工作原理

与普通的螺杆传动相比,滚珠丝杠在将旋转运动转换成直线运动时,只需要消耗前者三分之一的功率就行。功率消耗低的原因就在于摩擦降低了(因为球与沟道是点接触的),

所以这种结构磨损小、定位精度高（因为安装间隙很小）。

球循环螺母固定在纵向，它如果转动，那么螺杆就会按箭头方向做直线运动。为了限制这些滚珠相互之间接触，"球的循环通道"越短越好，因此在在球循环螺母内采用了两条彼此分开的循环通道。

3. 滚珠丝杠在奥迪 A7 车上的应用

在奥迪 A7 上，球循环螺母与转子空心轴之间是刚性连接的。齿条的一端设计成了螺杆。在电动机被激活时，转子空心轴连同球循环螺母就开始转动。于是齿条就开始直线运动了，如图 9-54 所示。根据电动机转动的实际方向，可为转向盘左转、右转提供助力。电动机通电的电流强度大小可以决定转向助力力矩的大小。

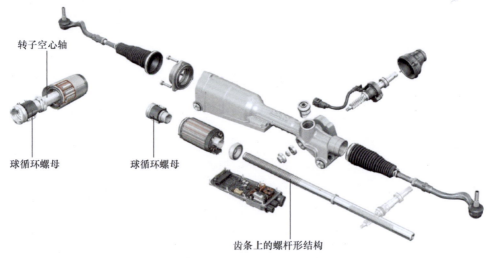

图 9-54　滚珠丝杠在奥迪 A7 车上的应用

第三节　其他相关执行器

执行机构是通过控制单元输出信号执行转动（电动、步进电动机）、打开 / 关闭（继电器）、照明（LED、白炽灯泡）以及发出声音（扬声器）等操作的组件。

一、各类电动机

现代汽车内安装了大量电动机，如用于滑动 / 外翻式天窗、车窗升降器、座椅、车窗玻璃刮水器等的电动机。直流电动机和步进电动机是特别重要的两种电动机。

1. 直流电动机

直流电动机将电能转化为转动能。这种电动机由一个固定部件"定子"和一个转动支撑部件"转子"构成。大多数直流电动机采用内部转子结构。转子是内部部件,定子是外部部件。定子由电磁铁组成,在小型电动机内由永久磁铁构成。转子也称为电枢。

如图 9-55 所示,电动机工作原理以作用力施加在磁场内的载流导体上为基础。载流导体的磁场和永久磁铁的磁场相互影响。如果永久磁铁牢固固定且导体以可转动方式支撑,则会在导体上施加一个力并使其转动。这个作用力取决于导体内的电流、磁场强度以及导体有效长度(线圈圈数)。

如图 9-56、图 9-57 所示,在线圈上施加电压时,线圈内流动的电流产生一个磁场(线圈磁场)。永久磁铁两极间的磁场和线圈磁场形成一个总磁场。根据线圈内的电流方向产生一个左旋或右旋力矩(图 9-58)。线圈继续转动,直至线圈磁场方向与永久磁铁两极间的磁场方向相同。随后,线圈停留在所谓的磁极磁场中性区域内。

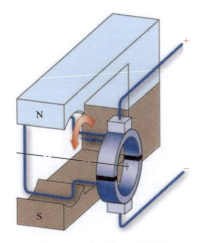

图 9-55 电动机工作原理

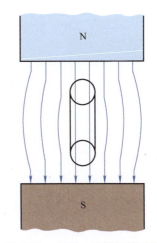

图 9-56 左侧:两极间的磁场

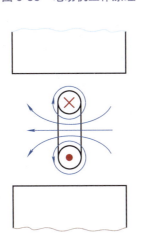

图 9-57 右侧:某个载流导体的磁场

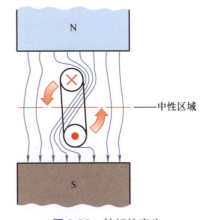

图 9-58 转矩的产生

如图 9-59 所示,为了能够继续转动,必须改变线圈内的电流方向。在此通过与线圈起始端和线圈末端连接的电流换向器(集电环)实现电流方向的切换。如果这种电动机上没有集电环,则电枢继续转动,直至转子磁场与定子磁场的方向一致。为确保电枢不停留在这个"死点"位置,在每个新分段时电枢线圈内的电流借助电流换向器(也称为集电环或集电极)进行切换。两个位于中性区域内的固定电刷输送电流,如图 9-60 所示。如果使用多线圈电枢绕组替代一个电枢线圈,则可实现电流切换时线圈侧的电流在某一磁极处始终保持方向相同。

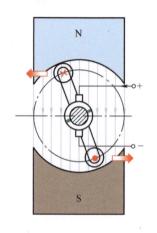 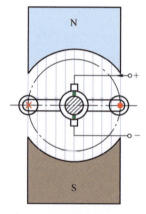 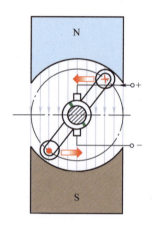

图 9-59 线圈的旋转过程

转子位于定子内部,大多数情况下转子由一个带有铁心的线圈组成,以可转动方式支撑在定子电极接线柱之间的磁场内。通过一个分段集电环和滑动触点(电刷)为电枢输送电流。电流流经转子时,在此也产生一个与定子磁场相互作用的磁场。电枢上产生力矩,该力矩使电枢围绕其支撑轴转动,电枢通过随之转动的集电环始终将相应绕组接入电流通路内。电功以这种方式转换为机械功。集电环由金属段组成,金属段与细条状绝缘材料(塑料、空气)一起构成间断的圆柱或圆形面。每个分段都与电枢绕组连接。用于输送电流的两个电刷通过弹簧压紧在集电环上。转子每转动一次通过电枢绕组的电流方向就会改变一次,同时那些通过电流流动而产生力矩的导体进入定子磁场内。电动机转速取决于电压、转动方向和电流方向。

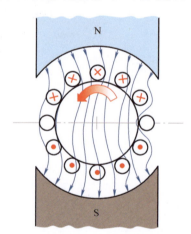

图 9-60 实际中采用多线圈的转子

永久磁铁两极之间安装了一个可转动的线圈。电流流过线圈时产生磁场。两个磁铁(电磁铁和永久磁铁)之间产生促使线圈转动的引力。每旋转 180° 集电环切换电流方向一次,从而实现连续转动。图 9-61 所示为滑动/外翻式天窗传动装置。

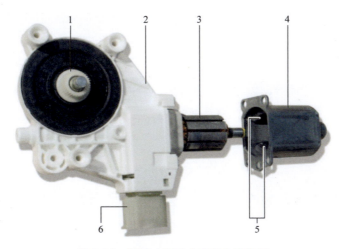

图 9-61　滑动／外翻式天窗传动装置

1—齿轮　2—带减速器的壳体　3—转子（电枢）　4—电动机壳体　5—永久磁铁（定子）　6—电气触点

2. 步进电动机

如图 9-62 所示，步进电动机将电脉冲转换为规定转角的机械转动。步进电动机是一种电动机械组件，其驱动轴根据控制脉冲以步进方式转动。在要求受控移动或定位处可以使用步进电动机。这种电动机可以简化位置控制且可靠性和精度较高，必须具备直流电、控制开关和控制脉冲（数字信息）才能运行。相应直流电通过电子开关输送给电动机。电子控制开关每发送一个控制脉冲电机驱动轴就转动一个步进角度。根据步进电动机情况，步进角度通常为 2°~15°。

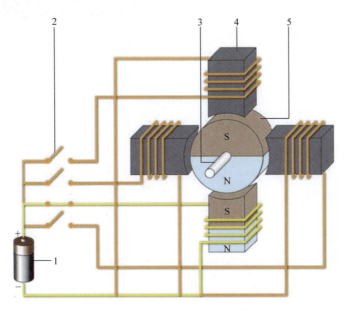

图 9-62　步进电动机的工作原理

1—电压电源　2—开关　3—步进电动机轴　4—电磁铁　5—转子（永久磁铁）

因为转子使用永久磁铁,所以磁极是确定的。定子始终由两对或多对极点组成,每个极点都套有一个线圈,电流流过极点时形成磁极。磁铁绕组内的电流方向逆转时磁场方向也随之逆转。

如果定子线圈内的电流方向依次向一个方向逆转,则产生一个跟随转子永久磁铁的旋转磁场。转动速度由定子线圈的切换速度决定。例如,在宝马车辆的IHKR(手动恒温空调)中使用步进电动机来控制空气风门(空气分层风门、脚部空间风门、循环空气风门和新鲜空气风门)。

3. 起动机

车辆的起动机是直流电动机(图 9-63)。其作用是使曲轴以起动所需的最低转速转动。如图 9-64 所示,起动发动机的工作原理是一个小齿轮与飞轮齿圈啮合。由于小齿轮和飞轮齿圈之间的传动比较大(约为 15:1),起动机只需在较高转速下提供较小的转矩。因此起动机的尺寸较小。起动机由直流起动电动机、啮合继电器和啮合齿轮箱等总成组成。

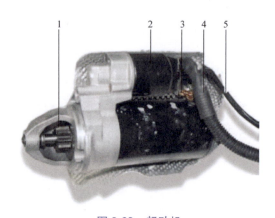

图 9-63 起动机

1—小齿轮 2—啮合继电器 3—负极导线
4—蓄电池正极导线 5—控制导线

图 9-64 起动机的安装位置

1—飞轮 2—齿圈 3—小齿轮 4—起动机

起动机的结构如图 9-65 所示。起动机的电路符号图 9-66 所示。操作起动开关时,小齿轮通过啮合继电器和啮合齿轮箱与飞轮齿圈啮合。小齿轮啮合后,起动机通过小齿轮和齿圈带动曲轴转动。发动机起动后,会与小齿轮脱开。起动机类型根据小齿轮啮合方式划分。宝马车辆中使用带有中间减速机构的螺旋推移传动式起动机。

起动机与小齿轮之间装有作为中间减速机构的行星齿轮箱。行星齿轮箱的作用是降低较高的起动机转速,同时提高小齿轮上的转矩。因为起动机轴输出功率与转速成正比,所以可以由此提高起动机功率,或在相同功率下减小尺寸。啮合过程包括小齿轮推移运动和螺旋运动两部分运动。

如图 9-67 所示,起动机的其工作过程,操作起动开关 2 后通过啮合继电器 1 使啮合拨叉 8 移动。此时小齿轮 11 通过弹簧向前移动并在大螺距螺纹作用下转动。小齿轮 11 的某个轮齿位于齿隙前时立即接合。如果小齿轮轮齿碰到飞轮齿圈 10 的轮齿,则压回小齿轮侧的弹簧，直到啮合继电器 1 接通电流。转子 5 转动使小齿轮 11 继续移向飞轮齿圈 10 的端面，直到小齿轮可以啮合。

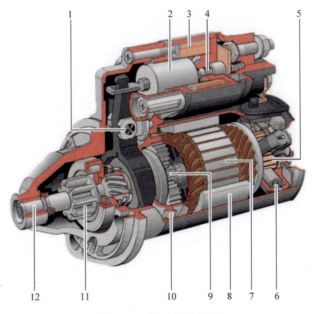

图 9-65 起动机的结构

1—啮合拨叉轴 2—继电器电枢 3—继电器线圈 4—继电器弹簧 5—集电环 6—电刷 7—转子（电枢）
8—永久磁铁 9—行星齿轮箱 10—带有减振装置的烧结齿圈 11—小齿轮 12—传动机构轴承

4. 发电机

每辆车都有自己的发电站——发电机。发电机的任务是发动机运转时为用电器提供电能，同时为蓄电池充电。发电机（图 9-68）将机械能转换为电能。发电机由发动机通过多楔带驱动。发电机以固定方式安装。

（1）**发电机工作原理** 如图 9-69 所示，发电机工作原理与电动机工作原理相反。发电机的功能也以电磁感应为基础。通过磁铁的转动，促使转子线圈回路内的电子移动。此时产生电压和电流流动。每转动 180°，所产生的电压就改变一次方向（极性）。这样就产生了交流电压（图 9-70）。车内用电器、蓄电池和点火系统需要直流电压。因此必须将所产生的交流电压转换为直流电压。交流发电机的部件结构如图 9-71 所示。

（2）**交流发电机的结构和工作原理** 交流发电机的电路结构示意图如图 9-72 所示，定子内有三个以"星形"方式连接的线圈。线圈的起始点分别标有字母 U、V、W，星形交叉点以字母 N 标出。线圈接头与整流器电路连接。发电机转子（电磁铁）转动时，每个定子线圈内都产生交流电压。

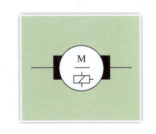

图 9-66 起动机的电路符号

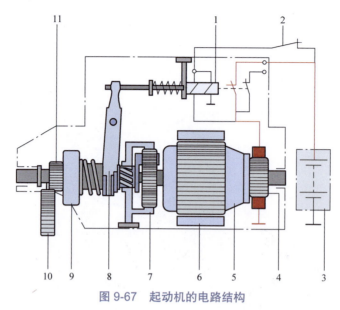

图 9-67 起动机的电路结构

1—啮合继电器　2—起动开关　3—蓄电池　4—集电环　5—转子　6—永久磁铁　7—行星齿轮箱
8—啮合拨叉　9—自由滚轮　10—飞轮齿圈　11—小齿轮

图 9-68 发电机

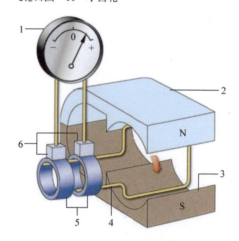

图 9-69 发电机工作原理

1—电压表　2—N 极　3—S 极
4—导体回路　5—滑环　6—电刷

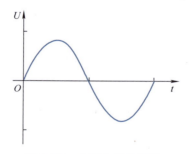

图 9-70 交流电压曲线图

第九章 其他系统执行器控制

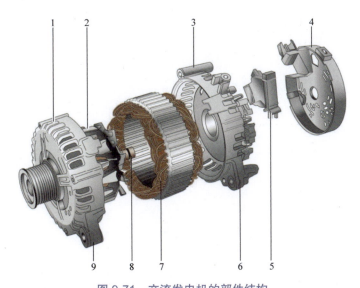

图 9-71 交流发电机的部件结构

1—前部轴承盖 2—转子 3—固定装置 4—盖罩 5—调节器 6—后部轴承盖
7—定子绕组 8—集电环 9—固定装置

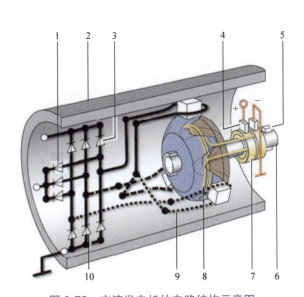

图 9-72 交流发电机的电路结构示意图

1—励磁二极管 2—壳体 3—正极二极管 4—电刷 5—轴承 6—轴
7—集电环 8—转子 9—定子线圈 10—负极二极管

交流电流在转子绕组内产生强度和方向连续变化的磁场。这三个磁场的共同作用形成一个旋转磁场。线圈在定子内的这种布置使所产生的三个交流电压彼此错开120°（图9-73）。然后由九个二极管组成的电路将交流电压整流形成直流电压（图9-74）。

这个直流电压还取决于发动机转速，即怠速运转时电压较低，满负荷时电压较高，因此安装一个调节器以使电压保持恒定。调节器不断将车载网络电压与发电机电压进行比较。

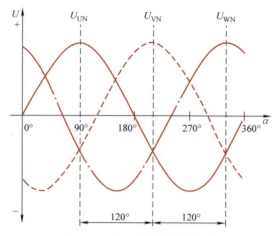

图 9-73 三个交流电压的曲线

U_{UN}—线圈 U 与星形交叉点 N 之间的电压 U_{VN}—线圈 V 与星形交叉点 N 之间的电压
U_{WN}—线圈 W 与星形交叉点 N 之间的电压   α—转子转角

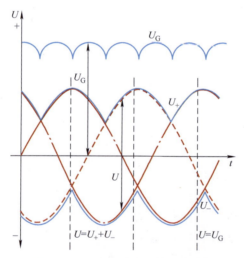

图 9-74 三个交流电压转换为直流

U_G—发电机直流电压 U_+—正包络曲线 U_-—负包络曲线 U—当前电压

通过改变励磁电流强度调节发电机电压。只要发电机电压保持在 14V，则不再改变励磁电流强度。车载网络电压降低时，转子内的励磁电流升高且电压上升。但是，为使转子转动，发动机也必然消耗更多的功率。发电机电压超过车载网络电压时，则中断励磁电流。

（3）智能化发电机调节功能 宝马车辆使用了智能化发电机调节功能 IGR。在滑行模式下，IGR 利用以前未利用的动能来驱动发电机。因此无需消耗发动机动力和燃油即可产生电流并提供给车载网络。此时不能使蓄电池保持电量充满状态，而是必须确保蓄电池电量在规定限值以内。电量充满的蓄电池无法吸收电能，因此由 IGR 来防止达到这种充电状态。为了实现 IGR 功能，车辆蓄电池的负极接线柱上需要安装一个智能型传感器且发电机上需要带有一个通信接口。发电机的电路符号如图 9-75 所示，发电机电路如图 9-76 所示。

5. 交流电机

在混合动力汽车上使用的交流电机，既可用作交流发电机，也可用作交流电动机。图 9-77 突出显示电动机的自动变速器剖面图。如图 9-78 所示，电动机/发电机的内部主要由定子和转子组成，应用的是电磁感应原理（图 9-79）。

图 9-75　发电机的电路符号

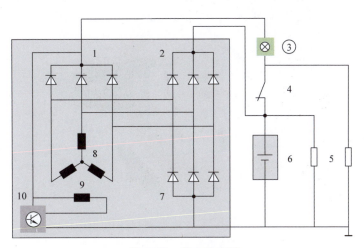

图 9-76　发电机电路

1—励磁二极管　2—正极二极管　3—充电指示灯　4—点火起动开关（总线端 15）　5—用电器
6—蓄电池　7—负极二极管　8—线圈的星形电路　9—励磁线圈　10—电压调节器

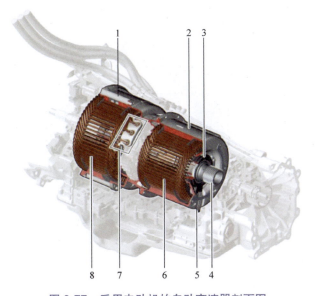

图 9-77　采用电动机的自动变速器剖面图

1—电动机 A　2—电动机 B　3—电动机 B 的转子　4—自动变速器的主轴　5—电动机 B 的电极位置传感器接口
6—电动机 B 定子上的绕组　7—电动机 A 三相高压接口　8—电动机 A 定子上的绕组

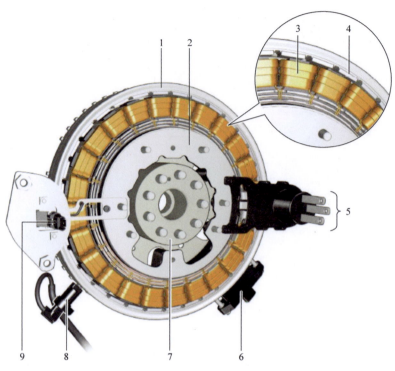

图 9-78 电动机的结构

1—转子 2—定子 3—定子内的绕组 4—转子内的永久磁铁 5—高压电接口 6—转子位置传感器
7—转子（与曲轴连接的内侧部分） 8—曲轴传感器 9—温度传感器

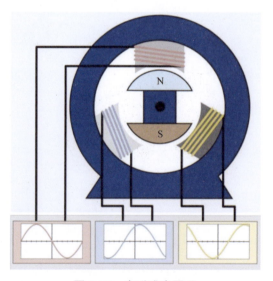

图 9-79 电磁感应原理

（1）定子　定子即定子绕组或电枢绕组，由三组绕组组成，连接方式跟常规车用交流发电机一致。

（2）转子　转子有两种形式：一种是线圈即励磁绕组，线圈通入直流电流，产生转子磁场，其有效励磁磁通与静止的电枢绕组相交链。另一种是永磁式的，即宝马目前使用的形式。

作为发电机使用时，驱动系统带动转子转动，磁场切割定子线圈，每一组定子线圈内都会生成交流电动势，三组线圈会产生三相交流电，工作原理和常规的交流发电机相同。

作为电动机使用时，控制系统将直流电源经过逆变电路变成三相交流电，并通过三相电缆加载在定子线圈上，每一组定子线圈上都会产生一个交替变换的磁场，就可以在起动机/发电机内产生一个旋转的磁场，该旋转磁场与定子的磁场交互作用，就可以推动定子按预设的方向进行转动，于是电机就变成了起动机，驱动动力传动系统运行。

在作为电动机转动时，系统需要知道转子的位置和角度，以确定转子的旋转方向（例如E72），通过控制三相绕组交流电通电的顺序进而控制转子的转动方向。通过控制三相绕组内电流的大小进而控制旋转磁场的大小，即控制电动机的转速。

二、继电器

继电器是一个远程控制开关。继电器主要用于利用控制电路内较低的功率来控制功率较高的电路。利用一个控制电路同时控制多个负荷电路，从电气角度将控制电路与待切换的电路分开。

如图9-80所示，机械式继电器通常依据电磁铁工作原理工作。线圈内的电流产生通过铁心的磁流。电枢也由铁磁材料制成且受磁力吸引。因此使电气触点闭合，电流在负荷电路中流动。

如图9-81所示，以灯泡电路为例对继电器的工作原理加以说明。如果线圈未受控制电流的激励作用（开关2未闭合），常开触点断

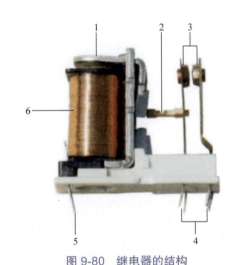

图9-80　继电器的结构

1—电枢　2—滑块　3—工作触点　4—电气接头
5—控制电压接头　6—带有铁心的线圈

开且白炽灯不亮起。控制电流接通（开关2闭合）时激励线圈。从而形成一个吸引电枢的磁场并使工作触点闭合。因此负荷电路接通，白炽灯亮起。

工作时通过控制电流使负荷电路闭合的继电器称为常开继电器。工作时通过控制电流使负荷电路断开的继电器称为常闭继电器。还有一种将两种继电器类型结合在一起的切换继电器，即工作时使一侧工作触点断开，另一侧工作触点闭合。为能够区分插头线脚上的

连接点，继电器盖罩上带有针脚说明（图9-82）。

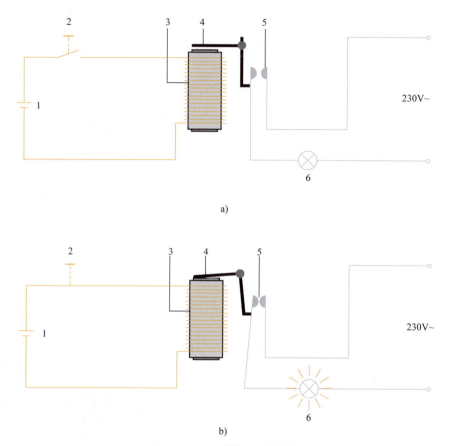

a)

b)

图 9-81　继电器的电路结构

a）继电器未工作时　b）继电器工作时

1—电压电源　2—开关（已操作）　3—线圈　4—电枢　5—工作触点　6—负荷电路闭合（用电器接通）

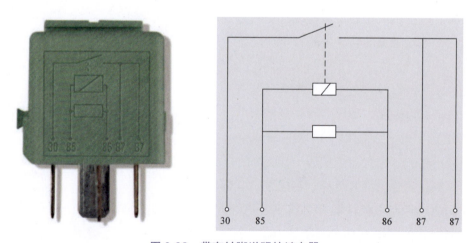

图 9-82　带有针脚说明的继电器

三、压电式喷油器

与常规发动机相比较，HPI 缸内直喷式发动机有着显著的优点，但是对于燃油系统有着较高的要求。宝马采用的缸内直喷的系统使用了两种喷油器，一种使用电磁阀式（N55，N73）高压喷射阀，结构在很大程度上与传统的喷射阀相似（图 9-83）。如图 9-84 所示，还有一种是压电式喷油器（N43，N53，N54，N63，N74 使用），其安装位置如图 9-85 所示。

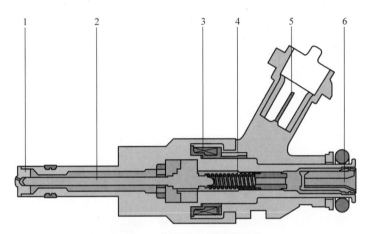

图 9-83 电磁式喷油器的结构

1—单孔喷油器 2—喷嘴针阀 3—电磁线圈 4—压力弹簧 5—电气插头 6—燃油管接口

图 9-84 向外开启式压电式喷油器

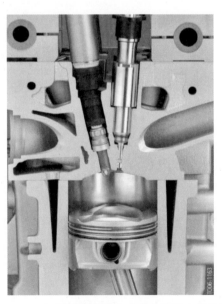

图 9-85 向外开启式压电式喷油器的安装位置

对于缸内直喷的喷油器，必须要精确控制喷束的方向，使喷入的燃油锥束保持稳定，即使燃烧室内受压力和温度的影响。

压电式喷油器可产生最高 200bar 的喷射压力并使喷嘴针阀以极快的速度打开。这样可摆脱受气门开启时间限制的工作循环而向燃烧室内喷射燃油。

压电式喷油器与火花塞一起集成在进气门与排气门中间的气缸盖内。安装在此处可避免喷入的燃油沾湿气缸壁或活塞顶。通过气体在燃烧室内的移动以及稳定的燃油锥束可形成均匀的混合气。气体移动一方面受进气通道几何形状的影响，另一方面也受活塞顶形状的影响。喷入燃烧室内的燃油通过增压空气形成涡旋，直至点火时刻前在整个压缩室内形成均匀的混合气。

（1）压电式喷油器的结构　如图9-86所示，压电式喷油器主要由向外打开式喷嘴针、压电元件和热补偿器三个总成组成。压电元件通电后膨胀使喷嘴针向外伸出阀座。为了能够承受相应阀门开启升程的不同运行温度，喷油器装有一个热补偿元件。

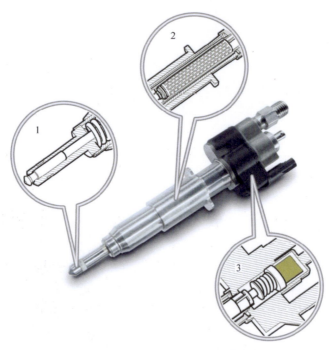

图9-86　压电式喷油器的结构

1—向外打开式喷嘴针　2—压电元件　3—热补偿器

向外开启式喷嘴针如图9-87所示，喷嘴针从其锥形针阀座内向外压出，因此形成一个环状间隙。加压后的燃油经过该环状间隙形成空心锥束，其喷射角度与燃烧室内的背压无关。

如图9-88所示，喷射过程中压电喷射器的喷射锥束可能会扩大。由于发动机内部会形成炭烟，因此这种现象在一定程度内是允许出现的且很常见。但是，如果喷射角度扩大后喷射到火花塞上，则会导致火花塞损坏。

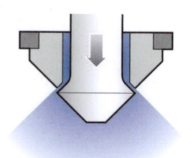

图9-87　向外开启式喷嘴针

第九章 其他系统执行器控制

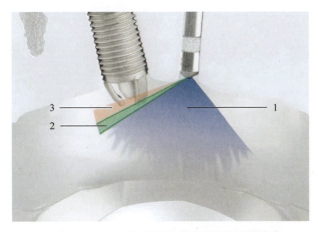

图 9-88 向外开启式压电式喷油器的喷射锥束
1—理想锥束 2—允许的喷射锥束扩大部分 3—不允许的喷射锥束扩大部分

（2）压电元件　喷油器内不再通过电磁线圈，而是通过一个压电元件使喷嘴针移动。如图 9-89 所示，压电元件是一个电气机械式转换器，由陶瓷材料制成，可将电能直接转化为机械能（作用力/行程）。压电式打火机是大家熟悉的一种压电应用形式：向一个压电晶体施加压力产生电压，直至产生火花并点燃气体。采用压电式执行机构时，施加电压使晶体膨胀。

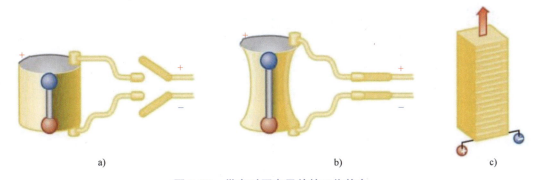

图 9-89 供电时压电元件的工作状态
a）压电晶体未通电　b）压电晶体通电　c）压电元件的分层结构

为了达到较大的行程，压电元件可以采用多层结构。执行机构模块由机械串联、电气并联的多个压电陶瓷材料层组成。压电晶体的偏移程度取决于所施加的电压，最多可达到晶体的最大偏移量；电压越高，行程越大。